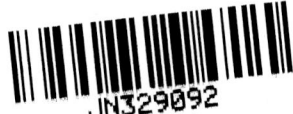

保育・教育　実践テキストシリーズ

社会福祉援助技術

保育者としての家族支援

柏女霊峰・伊藤嘉余子／編著

樹村房
JUSONBO

はじめに

現在，子どもとその家族を取りまく社会環境が大きく変化し，保育所に期待される役割は広いものになりつつあるといえる。核家族化や地域や家庭の子育て力の低下，犯罪や虐待の増加など，親にとっては楽しく子育てをするのが難しく，子どもにとっては健やかにのびのびとは育ちにくい環境になってきているとの指摘が少なくない。

2009年度からの保育所保育指針の施行により，保育所において保育所に子どもを通わせている保護者の支援や地域子育て支援を積極的に展開する必要性が明確にされた。保育士として有効な子育て支援活動を展開していくためには，相談援助技術を含めた「社会福祉援助技術」を習得しておくことがこれまで以上に求められているといえる。また，同時に施行される「幼稚園教育要領」においても，子育て支援の努力義務や家庭との連携が規定されている。学校には，スクールソーシャルワーカーが配置されることとなり，いずれは幼稚園にも配置されるときがくるかもしれない。

こうした点をふまえ，本書は，「社会福祉援助技術」について，具体的な事例も取り入れながらまとめられた。全体は７章構成であり，保育と社会福祉援助技術との関連性，社会福祉援助技術の全体像，各援助技術についての各論，専門職としての実践を裏づける価値と倫理，の４つの内容を組みこんでいる。

各章の著者は，それぞれの研究や教育活動によって裏づけられた，オリジナリティあふれる内容で論を展開している。そのため，場合によっては，章をまたいでの記述内容の重複や，同じ用語や内容であっても執筆者によってニュアンスの相異を感じる箇所もあるかもしれない。

しかしながら，テキストは必ずしも絶対・完全なものである必要はない。「教科書を」教えるのではなく，「教科書で」教える，という言葉がある。本書を読み進めるなかで，自らが重要と思う箇所について重点的に調べたり，読んで疑問に感じたことについて仲間に投げかけてみたりするなど，柔軟に幅広く本書を活用していただけるとうれしく思う。

本書の読者は，保育者をめざす学生その他の人々を第一に想定している。しかし，現場の保育士や幼稚園教諭，子育て支援関係のNPO団体の人々など，幅広い人たちに読み親しんでもらえるよう配慮している。本書が，保育所，幼稚園をはじめとする子育て支援の現場で働く専門職の社会福祉援助技術の理解と向上に資することができたら幸いである。

授業のなかで，保育者（保育士・幼稚園教諭）をめざす学生たちに「保育士は，子どもの保育をするだけではなくて，保護者支援を行うことが業務として位置づけられている」と話をすると，学生たちは皆そろって引き締まった顔になる。自分が経験したことのない内容の相談にも，プロとして応じなくてはいけない。関係機関とのよりよい関係づくりや援助技術がそれを助けてくれる。相談援助場面に限らず，対人関係の構築に必要となる想像力，人間観，受容・共感の姿勢の大切さ……について理解する過程で，本書が少しでも役に立つことを願う。保育者をめざす人たちが，保育の仕事に自信と誇り，責任と希望をもって歩み続けるために，本書がいささかでも役に立つことを心から願っている。

最後に，本書の出版について編者の思いをしっかり受け止め，かつ，校正等にご尽力いただいた樹村房の大塚栄一社長並びに今泉久子さんに心よりお礼申し上げる。

平成21年２月

編著者　柏女　霊峰
伊藤嘉余子

社会福祉援助技術

保育者としての家族支援

もくじ

■■■トピックス一覧

1章 保育実践と社会福祉援助技術

本章においては，まず1節で，社会福祉の援助技術におけるソーシャルワークと整理される社会福祉援助技術と，ケアワークの一分野と整理される保育実践（技術）との関係について整理する。続いて2節では，保育を含む児童福祉援助実践における保育と保育指導と社会福祉援助技術との関係について整理する。こうして，まずは全体の導入として，保育士が社会福祉援助技術を学ぶ意義について考える。

そのうえで3節では，保育実践における社会福祉援助技術の活用とその展開について考える。そして4節で，保育士という保育と保育指導の専門職が社会福祉援助技術を学び，それを活用することの意義はどこにあるのか，子どもと保護者の立場，専門職としての立場から整理する。

1　保育実践と社会福祉における援助技術との関係

1．社会福祉の構成要素とその円環的前進

(1)　社会福祉の意義とその変容

社会福祉とは，人びとが生活していくうえで出会う貧困，病気，障害などの種々の生活課題に対して，主として各種**社会福祉の援助技術**[1]を用いて，その人の生活をまるごと社会との関係のなかで支援していく営みであるということができる。かつては，貧困や孤児など一部の人びとに対する恩恵的・慈恵的なものから出発し，近年は，少子高齢社会となり，また，個人の尊厳と自立の支

援が重視され，福祉の「普遍化」と「専門化」が必要とされてきている。

ここでいう，福祉の普遍化とは，選別された一部の人の福祉から，すべての人にサービスを広げていくことをいう。すなわち，だれもがサービスの受け手になり得るし，また，担い手にもなり得る社会をつくっていくことである。

一方，福祉の専門化とは，複雑・多様化した生活課題に対応するためには，いわゆる福祉のこころだけではなく，知識，具体的サービス，技術が必要になり，高度の専門性が求められてきているということを示している。

（2） 社会福祉の基本構造とその円環的前進

このように，社会福祉は時代とともに変容していく。網野（1992）は，「社会福祉は人権・権利，生活，発達の保障を基本理念とし，このような価値目標がすべての人に認識されることを志向しながら，その目標のもとで営まれる専門的制度と専門的行為に支えられている」と述べている。

すなわち，社会福祉は，社会のありようを基礎とし，社会福祉の理念，目的とその方策を法令等に基づいて制度化しその運用ルールを示したもの（制度），及びそのルールに基づいた具体的・専門的実践行為（施設の運営や具体的援助技術等の方法）の体系であると考えられる。つまり，社会福祉の営みは，理念，制度，方法をその構成要素として成立するものとして理解することができる。

したがって，社会福祉のありようは社会のありように連動する。また，社会福祉の理念が変われば制度が変わり，また，制度の変容は方法にも影響をもたらす。

近年の代表的社会福祉制度改革である**社会福祉基礎構造改革**を例にとると，これは社会福祉法改正を中心とするいわば「法改正」であり，「制度」の改正である。しかし，それは，社会事象や人々の価値観の変容等「社会」の変容に対応するものであり，「パターナリズムからパートナーシップへ」とのスローガンに象徴されるように，「理念」の変更を内包している。さらに，それにともない，「方法」も新たな展開を求められることとなる。

1：本書のテーマは社会福祉援助技術であり，それは社会福祉の援助技術であるソーシャルワーク（social work）にほぼ該当する。しかし，社会福祉の援助技術にはそれ以外に保育，介護などのいわゆるケアワーク（care work）も含まれる。

図・表1－1　社会福祉における理念，制度，方法の円環的前進

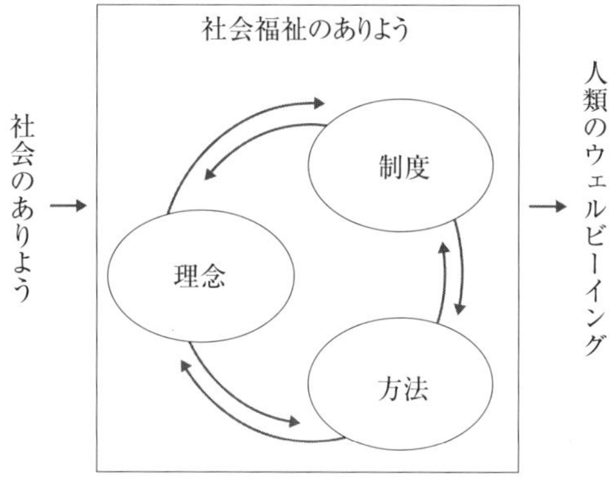

（出典：柏女霊峰『子ども家庭福祉サービス供給体制』中央法規出版，2008年，p.5）

すなわち，専門家が各種情報を所有して利用者を支援する時代から，利用者に情報を提示し，利用者や地域社会を**エンパワー**（empower）し，利用者本人の自己決定を支援する方法が重視されるようになってくることとなる。そして，そうした「方法」による検証は，次なる「制度」改正へと結びつく。「社会」の変容をふまえた「理念」，「制度」，「方法」の円環的前進が求められているのである。この構造は，図・表1－1のように示される。

2．社会福祉と児童福祉，保育

(1)　児童福祉の定義と構成要素

児童福祉は，一般的には社会福祉の一分野と考えられる。児童福祉とは，簡潔にいえば，「理念的には人格主体として理解されながら，実際には自分たちの立場を主張したりそれを守ったりする力の弱い子どもを，その保護者とともに，国，地方自治体及び社会全体がその生活と発達，自己実現を保障する活動の総体をいう」と定義できる。

また，児童福祉は，「子どもや子育てのおかれた現状を視野に入れ，児童福祉の理念に基づき，児童福祉の目的とその方策を法令等に基づいて制度化し，その運用ルールを示したもの，及びそのルールに基づいた機関・施設の運営や

具体的実践行為（方法）の体系である」と考えることができる。すなわち，児童福祉も社会福祉と同様，現状，理念，制度，方法の４つをその要素として成立する営みであるといえる。

たとえば，保育所における日々の保育は，子育てと仕事の両立を願う人々や子育ての孤立化などの現状をふまえ，親の仕事と子育ての両立や育児負担の軽減，子どもの豊かな発達・福祉の保障を理念として行われている。そして，認可保育所制度という制度や保育所保育指針等の法令に基づいて，適切な保育所の経営・運営のもとで，一人ひとりの子どもに対して提供される保育という専門的行為によって成り立っている。したがって，児童福祉を語る場合には，常にこの４つを視野に入れていくことが必要である。

なお，最近では，「児童福祉」の用語に代えて「**子ども家庭福祉**」という用語が用いられることが多くなっている。子ども家庭福祉の概念は，子どもを直接のサービスの対象とする児童福祉の視点をこえ，子どもが生活し成長する基盤となる家庭をも福祉サービスの対象として認識していこうとする考え方のもとに構成された概念である。ここでは，「児童福祉」という用語を「子ども家庭福祉」とほぼ同義で用いることとしている。

（2） 保育とは何か

続いて，保育とは，児童福祉法第39条の保育所の規定にみられる「保育する」という表現に代表されるように，児童福祉における具体的実践行為（方法）の体系であると考えられる。保育所保育指針によれば，保育所における保育は，養護と教育が一体化した概念として理解されている。また，一方では，学校教育法第22条における幼稚園の規定において「幼児を保育し，……」と述べられているように，幼児教育にかかわる援助概念としても使用されている。

さらに，保育は，児童福祉法第18条の４による保育士の定義である「……登録を受け，保育士の名称を用いて，専門的知識及び技術をもつて，児童の保育及び児童の保護者に対する保育に関する指導を行うことを業とする者をいう」にみられるように，保育士が行う専門的援助業務としても規定されている。

この規定によると，保育士が行う保育という行為には，18歳未満の**児童**[2]に対する保育と，保護者に対する**保育指導**[3]（保護者支援）の両者が含まれている。つまり，保育という営みは，子どもの発達・権利保障と保護者支援の両者を含んでいると考えることができる。

このように，保育という用語は，広義には18歳未満の子どもとその保護者の発達・養育支援の営みをいうと同時に，狭義には就学前において営まれる制度・政策並びに具体的実践行為の体系を指し，養護と教育が一体化した概念としても用いられているのである。さらに，学校教育法第22条にいう「保育」にいたっては，教育分野の援助としても規定されている。

今後，こうした多様な意味を有する「保育」という用語については，改めて整理することが必要と考えられる。ただ，幼稚園における「保育」を除けば，保育は児童福祉の一分野ということができ，したがって，社会福祉の一分野を構成する重要な**社会福祉サービス**[4]といえるのである。

3．社会福祉における援助技術と保育

前述した社会福祉，児童福祉の概念を構成する社会福祉の「方法」は，大きく，施設や事業等の運営・経営と具体的な個別的・集団的援助に分けられる。また，社会福祉における固有の方法・援助は，大きくソーシャルワークとケアワークとに分類できる。

(1)　ソーシャルワークと社会福祉援助技術

『保育所保育指針解説書』(2008) は，保育所におけるソーシャルワークについて以下のように整理している。

「生活課題を抱える対象者と，対象者が必要とする社会資源との関係を調整しながら，対象者の課題解決や自立的な生活，自己実現，よりよく生きることの達成を支える一連の活動をいいます。対象者が必要とする社会資源がない場

2：児童福祉法にいう「児童」とは，満18歳に満たない者をいう。

3：2008(平成20)年3月に告示された保育所保育指針の解説書（『保育所保育指針解説書』）のなかで，保育士が保育の専門性をいかして行う保護者に対する支援は，「保育指導」と規定された。

4：社会福祉法第1条は，社会福祉法の目的について，「……福祉サービスの利用者の利益の保護及び地域における社会福祉……」と述べ，社会福祉において提供される支援を「福祉サービス」と規定している。したがって，保育という支援は福祉サービスの一環である保育サービスととらえることができる。

合は，必要な資源の開発や対象者のニーズを行政や他の専門機関に伝えるなどの活動も行います。さらに，同じような問題が起きないように，対象者が他の人々と共に主体的に活動することを側面的に支援することもあります。」

本書のテーマである「社会福祉援助技術」とは，このソーシャルワークを専門とするソーシャルワーカーに相当する社会福祉士が駆使する援助技術のことをいう。

なお，ソーシャルワークと社会福祉援助技術とでは，いくつかの点で違いがあると考えられる。たとえば，ソーシャルワークは社会正義と公正を旨とし，人権を最大限に尊重するため社会に対するはたらきかけをより重視するが，社会福祉士の技術である社会福祉援助技術は，法定上，既存の社会福祉機関・施設内における相談援助や地域支援の側面が強調される。

しかし，本書においては，ソーシャルワークと社会福祉援助技術とをほぼ同義に用いることとする。このように整理すると，社会福祉援助技術は，社会資源を使った個別援助，社会資源の開発，地域福祉社会づくりの３つが主たる構成要素とされる。

（２） ケアワークと保育

続いて，ケアワークは，笠原（2008）によれば，「社会福祉分野の専門的な教育を受けた者が，加齢・心身障害等により社会生活上に困難を持つ人や成長途上にあって援助を必要とする人に対して，直接的かつ具体的な技術を活用して，身体的側面，精神的側面・社会的側面から援助することである。また，そのとき駆使する援助の技術（介護福祉援助技術と呼ばれることもある）のことである」と定義される。笠原は，介護にのみ着目しているが，介護と同様，保育ないしは保育技術もケアワークの一種ととらえることができる。

ソーシャルワークとこれらのケアワークとのもっとも大きな違いは，身体的側面を含めて直接支援を行うことであるといってよい。簡単にいえば，保育も介護も，身体に触れる援助を行うということである。なお，２節において詳述する保育指導も，ソーシャルワークとしての性格を含みつつも，保護者に対するケアワークの一種として整理することができる。

(3) 保育における社会福祉援助技術

保育のなかでみられる子どもや子育ての福祉的問題は，通常，さまざまな要因が重なって生じてくることが一般的である。たとえば，虐待が繰り返される家庭においては，経済的な問題や就労問題，病気や人間関係のトラブル，周囲からの孤立など同時に多くの問題を抱えている場合が多くみられる。

一方，援助を行う機関は，それぞれ固有の機能と限界をもっている。このため，一つの機関・施設だけでは有効な援助が行えない場合が多くなっている。たとえば，被虐待児童に対して保育所として支援を行っている場合でも，保健師による訪問援助，医療機関や児童相談所への通告，親の就労に関する援助などが求められてくる場合も多い。このため，社会福祉制度体系，関係機関のはたらきに関する知識やソーシャルワークの知識・技術について，ある程度習熟しておくことが求められる。

主として子どもの育ち・子育てを支援する関係機関・施設，社会資源には，たとえば，児童相談所，福祉事務所（家庭児童相談室），市町村児童家庭福祉主管課，各種の児童福祉施設，児童委員（主任児童委員），保健所・保健センター，医療機関，教育委員会，学校，教育相談所・教育センター，適応指導教室，警察，少年サポートセンター，民間相談機関，弁護士など多彩な機関・施設がある。

児童福祉の現場において保育活動を有効に展開するためには，こうした機関・施設の機能や児童福祉サービスの提供体制，サービスの具体的内容について理解しておくことが求められる。

また，**福祉面接**や**アセスメント**などの社会福祉援助技術体系に学び，保育において活用していくことも必要とされる。すなわち，保育という営みがよりよく行われるためには，社会福祉援助技術についても学びを深め，活用することが必要とされているのである。

4．社会福祉と保育，社会福祉援助技術と保育技術

以上をまとめると，以下のようになる。

まず，①保育は社会福祉の一分野である。また，②社会福祉の援助技術は，

理念や制度とともに，社会福祉を構成する重要な要素である。③社会福祉の援助には大きくソーシャルワークとケアワークとがあり，保育実践は主としてケアワークに属する援助体系である。さらに，④そこで用いられる援助技術は，ケアワーク体系に属する保育技術ならびに保育指導技術が中心となるが，ソーシャルワーク体系に属する社会福祉援助技術も一部必要とされる。

保育者が社会福祉援助技術を学ぶことは保育者の援助技術を広げることにつながると同時に，近接領域とつながるための技術を学ぶことともなる。養成カリキュラムのなかで社会福祉援助技術を学ぶのは，このような理由からなのである。

2　保育技術と児童福祉の援助技術

1．児童福祉の援助技術の相互関係

前節において，保育実践は，社会福祉に直接関係する援助技術としては，ケアワークとしての保育技術と保育指導技術，そして，社会福祉援助技術によって成り立っていると述べた。

しかしながら，発達支援・対人援助サービスである保育に使われる援助技術には，社会福祉に直接関係する援助技術のほかにも多様なものがある。たとえば，保健・医療の知識や技術，カウンセリングなどの臨床心理援助技術，教育技術などがある。しかし，保育実践においてどのような援助技術が用いられているかについては，残念ながら，あまり研究は進んでいない。

著者らは，現在，保育士が保護者に行う支援技術である**保育指導技術**について研究を進めているが，それを参考に，保育実践において求められる技術体系について，主として子ども家庭福祉援助実践の視点から整理してみたい。

（1） 子ども家庭福祉援助実践の方法と特徴

子ども家庭福祉援助実践には，いくつかの方法がある。アプテカー（Aptekar，1964）は，代表的援助方法であるケースワーク（case work：個別援助技

図･表1-2　助言指導（ガイダンス），保育指導，ソーシャルワーク，カウンセリング，心理療法，親教育・訓練（トレーニング）の相互関係

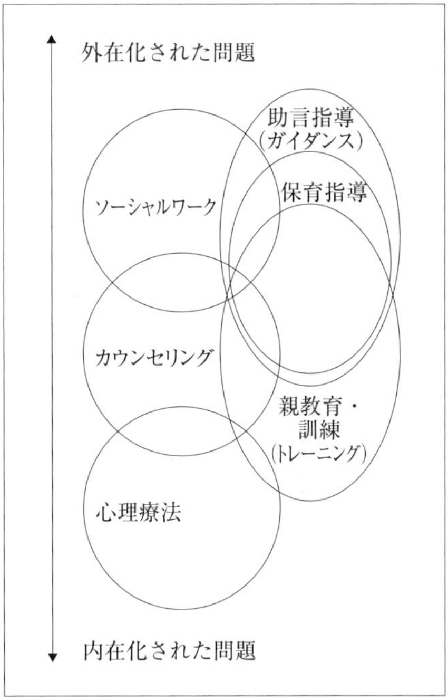

（出典：柏女霊峰・橋本真紀『保育者の保護者支援—保育指導の原理と技術—』フレーベル館，2008年，p.22を一部改変）

術），カウンセリング（counseling），心理療法（psychotherapy）のそれぞれの関係について整理している。

これに，後述する児童福祉援助実践の技術である助言指導（ガイダンス：guidance），親教育・訓練（training），**保育指導**[5]を加えた6つの技法の相互の関係を整理すると，図･表1-2のようになると考えられる。

すなわち，ケースワーク（現在では，**ソーシャルワーク**「social work：社会福祉援助技術」と総称される）は，より外在化されたニーズに対して具体的サービスを通じて援助することに重点を置き，反対に**心理療法**は，より内面化

5：本来なら「保育」も加えるべきであるが，保育の中身は多様な援助実践を含むと考えられるため，ここではあえて除外し，保育士の保護者支援のスキルである保育指導を加えた。

されたニーズに対して治療的にかかわることに重点を置き，**カウンセリング**はその中間に位置すると，一般的には考えられるのである。

以下，そのそれぞれの関係について整理したい。

2．児童福祉の援助技術

次に，子どもとその家庭のウエルビーイングを保障していくために，児童福祉場面で用いられる援助技術について整理しておきたい。近年，特に社会的養護分野では，居住型施設においてケアワークとソーシャルワークとを一体的に展開する**レジデンシャルワーク**も提唱されている。

なお，児童施設における援助においては，いわゆるソーシャルワーク，相談援助活動とは異なり，アドミッションケア（admission care），インケア（in care），リービングケア（leaving care），アフターケア（after care）という一連の流れのなかで，以下の方法を総合的に用いた援助が行われる。

（1） 助言指導[6]（guidance）

これは，「より意識的，外在化された問題に対して，行動や意識等の改善を目的として広い範囲の対象者に，集団または個人単位に助言，指示，承認，解説，情報提供，行動見本の提示等を与えること」と定義できる。具体的には，1回あるいは継続的な助言，支持，解説，承認情報提供等のほか，他機関あっせん，電話相談，関係者に対するコンサルテーション（consultation）などの活動が挙げられる。

（2） ケアワーク，保育（生活援助技術等）

これは，いわゆる保育や養護活動のことであり，子どもの生活全体を視野に入れ，直接支援を通じて生活を総合的に支援していくことである。具体的には，食事等身のまわりの世話，介助，しつけ，発達支援等各種の日常生活援助活動がある。生活自体のノーマライゼーションがもっとも求められる。

また，入所児童の意向を尊重した取り組みや生活上のさまざまな思いへの対応を含めた，いわゆる苦情解決に向けた取り組みも必要とされる。さらに，そ

6：指導とは「指し導く」と書き，児童福祉援助の本旨からはあまり適切な言葉とはいえないが，用語として定着しているので，ここでは，この用語を用いることとする。

のノウハウを社会化していくことも求められる。

（3）　保育指導

2008（平成20）年3月に告示された保育所保育指針に関する厚生労働省の『保育所保育指針解説書』は保育指導について，「子どもの保育の専門性を有する保育士が，保育に関する専門的知識・技術を背景としながら，保護者が支援を求めている子育ての問題や課題に対して，保護者の気持ちを受け止めつつ，安定した親子関係や養育力の向上をめざして行う子どもの養育（保育）に関する相談，助言，行動見本の提示その他の援助業務の総体」と定義している。

（4）　継続的援助（ソーシャルワーク，カウンセリング，心理療法）

これは，ひと言でいえば，利用者が自らの問題を解決することができるように実施する，種々の継続的な心理的・社会的援助活動のことである。社会環境へのはたらきかけに重心をおくものがソーシャルワークであり，心理的な援助に重心をおくものがカウンセリング，心理療法である。

具体的には種々の理論と技法に立つ種々の方法があり，さらには，各種の指導キャンプや児童相談所の一時保護所における短期入所指導，児童福祉施設におけるグループワークもこうした側面をもっている。また，システム理論に基づいて確立され，わが国においても浸透してきている家族療法もこのなかに含まれる。

（5）　親教育・訓練（training）

これは，特定の子ども，保護者等に具体的な課題を設定し，新たな態度や技能等の習得をめざすことを目的とするものである。発達障害や知的障害，肢体不自由等を有する子どもの療育・訓練，非行を有する子どもの再教育等が挙げられ，主として児童福祉施設において実施されている。

なお，近年では，さまざまな**ペアレンティング・プログラム（親教育プログラム）**[7]も導入されており，それぞれファシリテーターや援助者養成も進められている。これらのプログラムをここでは親教育と呼ぶが，これらの実践を児

7：たとえば，子育て家庭に対してはノーバディズパーフェクト（Nobody's Perfect）プログラム，子ども虐待の家族関係調整に関してはサインズ・オブ・セーフティ・アプローチ（SoSA）などが導入され，幅広く行われつつある。

童福祉援助活動においてどのように整理するか，今後の大きな課題である。

3．児童福祉の援助技術と保育技術

（1） 保育技術の中身

保育士の保育技術について，『保育所保育指針解説書』は，以下のように整理している。

「保育士の専門性としては，①子どもの発達に関する専門的知識を基に子どもの育ちを見通し，その成長・発達を援助する技術，②子どもの発達過程や意欲を踏まえ，子ども自らが生活していく力を細やかに助ける生活援助の知識・技術，③保育所内外の空間や物的環境，様々な遊具や素材，自然環境や人的環境を生かし，保育の環境を構成していく技術，④子どもの経験や興味・関心を踏まえ，様々な遊びを豊かに展開していくための知識・技術，⑤子ども同士の関わりや子どもと保護者の関わりなどを見守り，その気持ちに寄り添いながら適宜必要な援助をしていく関係構築の知識・技術，⑥保護者等への相談・助言に関する知識・技術などが考えられます。

こうした『専門的な知識，技術』をもって子どもの保育と保護者への支援を適切に行うことは極めて重要ですが，そこに知識や技術，そして，倫理観に裏付けられた『判断』が強く求められます。日々の保育における子どもや保護者との関わりの中で，常に自己を省察し，状況に応じた判断をしていくことは，対人援助職である保育士の専門性として欠かせないものでしょう。」

つまり，保育所保育のための保育技術は，①発達援助の技術，②生活援助の技術，③環境構成の技術，④遊びを展開する技術，⑤関係構築の技術の５つであり，それに加えて，保護者支援のための保育指導技術があると整理されているのである。

（2） 保育指導技術の中身

保育指導の定義はすでに述べたが，これを技術の側面からとらえると，橋本(2008）の以下の整理が妥当である。

「保育指導とは，主として意識化，外在化された子育ての問題や課題を有する保護者に対して，（上記の：著者付記）①から⑤の保育技術を基盤とし，保

図·表1-3　保育指導の構造

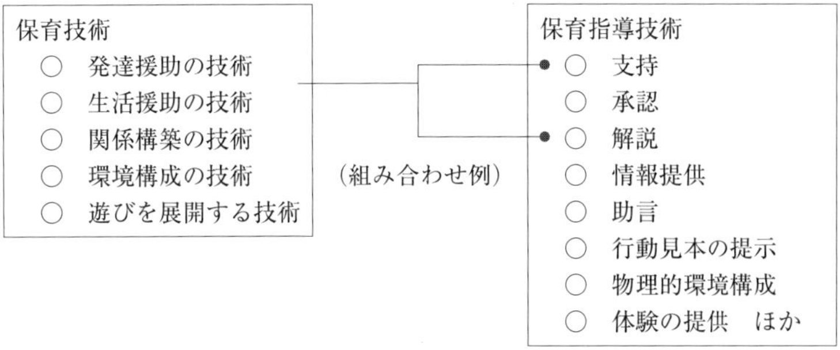

（出典：柏女霊峰・橋本真紀『保育者の保護者支援―保育指導の原理と技術―』フレーベル館，2008年，p.107）

護者の気持ちを受け止めつつ支持，承認，解説，情報提供，行動見本の提示等を行う過程といえます。」

つまり，保育指導は保育技術を基礎として，それに保育指導のための技術を組み合わせることにより展開されると考えることが適当と思われ，このことに関し，図·表1-3のように整理している。

（3）　保育指導技術とソーシャルワーク

最後に，保育指導技術と保育場面におけるソーシャルワーク（これを仮に「保育ソーシャルワーク」と呼ぶ）との関係に言及しておきたい。

保育ソーシャルワークは，基礎的技術体系がソーシャルワーク，社会福祉援助技術であるといえる。一方，すでに述べたように，保育指導はケアワークのなかに位置づけられる技術体系である。

なお，これもすでに述べたように，保育は社会福祉においてはケアワークに位置づけられており，ソーシャルワーク，社会福祉援助技術と接点を有する技術体系と整理することができる。その意味では，両者に重なる部分は当然存在すると考えられる（図·表1-4）。そして，その重複部分が，いわゆる保育ソーシャルワークであるといってよいのではないかと思われる。保育者自身が，今このとき，どのような技法によって保育や保護者支援を行っているか意識できていくことが大切である。

図·表1－4　保育ソーシャルワークと保育指導との関係

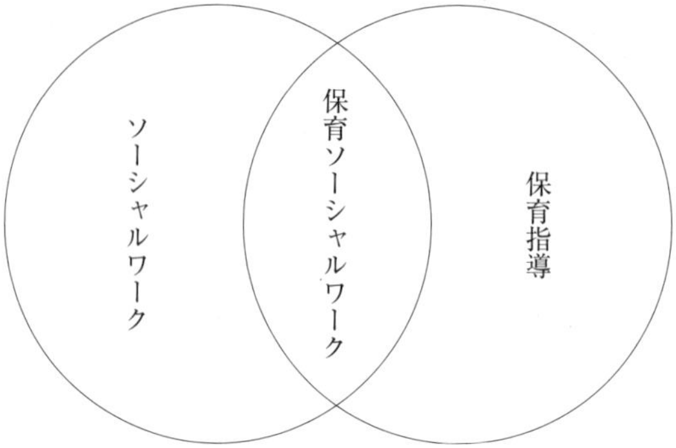

（出典：柏女霊峰・橋本真紀『保育者の保護者支援―保育指導の原理と技術―』フレーベル館，2008年，p.100）

3　保育実践における社会福祉援助技術の活用とその展開

1．保育実践における社会福祉援助技術の活用

保育士の対人援助では，子どもを対象とする保育活動で培ってきた保育技術を中心的な技術とし，保護者等大人を対象に援助を実施する際は，保育技術を基盤とする**保育指導技術**が用いられている。

しかし，特別なニーズを有する子どもの保育や保護者の支援，また地域の子育て支援への期待が高まり，保育士が社会福祉援助技術を理解して他の機関と共に援助を行うことや，時には社会福祉援助技術を活用して援助を行うことも求められるようになっている。

保育士の対人援助では，まず保育士の専門性や所属機関の特性を自覚することが重要である。たとえば，2008（平成20）年告示の保育所保育指針の第6章「保護者に対する支援」では，「保育に関する知識や技術などの保育士の専門性や，子どもの集団が常に存在する環境など，保育所の特性を生かすこと」が保育所における保護者に対する支援の基本の一つとして挙げられた。

そのうえで，保育士や所属機関が有する機能と限界をふまえつつ，社会福祉援助技術への理解を十分に深め，対象と場面に応じて社会福祉援助技術を活用することが必要となる。

本節と4節では，保育所保育士を中心に社会福祉援助技術の活用とその意義について整理する。

2．社会福祉援助技術を活用し援助を行う対象

保育士が，社会福祉援助技術を活用して援助を行う対象としては，子ども，保護者を含む家族，地域の人々が挙げられる。

保育士による社会福祉援助技術の活用は，「児童の保護者に対する保育に関する指導」が保育士の業務として法定化されたことで，強調されるようになった。本章の1節で紹介したように，保育所保育指針の解説書においても，第6章保護者に対する支援で「ソーシャルワーク」の用語が解説され，その活用が述べられている。

しかし，保育現場では，子どもの援助においても社会福祉援助技術が用いられることもある。たとえば保育士が，子どもが発達障害を有している可能性を感じ，保護者や保健師，通園施設にはたらきかけ，連携による効果的なかかわりを意図的に用いて子どもの育ちを支えることもある。このような援助では，保護者の同意と支援も必要となるため，保護者支援の要素も含むが，保育士が社会福祉援助技術を展開する中心的な目的は子どもの発達保障である。

また，子どもが育ち，保護者が子育てを営む地域へのはたらきかけも保育所や児童福祉施設で行われている活動であり，その一部には社会福祉援助技術が用いられている。乳幼児や学童，思春期等，子どもは，成長発達の過程で多様な姿を呈し，その発達には，多様な人々，資源とのかかわりが必要となる。

「子ども」が少なくなるなかで，子どもの育ちや子育てへの理解，その環境づくりの必要性を意図的に地域の人々や他の専門機関に発信することも，子どもの姿，発達段階を熟知した専門職，専門機関の一つの役割となっている。

このような活動は，**アドボカシー**を意識して行われているときと，結果として利用者の代弁機能を果たしていることがある。中田（2002）によれば，アド

ボカシーとは，「独力では権利の行使に困難を伴う人々を支援し，その意見を代弁する」機能である。

3．保育実践における対人援助の三段階

保育士が行う対人援助[8]には，図･表1－5に示すように「発生予防の段階」，「進行予防の段階」，「特別なニーズへの対応段階」という3つの段階があると考えられる。

保育士が行う対人援助は，すべての段階で保育技術や保育指導技術による援助の展開を基本とする。ただし，社会福祉援助技術を活用する可能性もあり，その際は段階によって，収集する情報，連携する機関，介入のレベル，活用する社会福祉援助技術が異なる。

第一段階では，特に地域援助技術，第二段階では，集団援助技術や個別援助技術，第三段階では，個別援助技術を活用することにより，活動が豊かになることや援助がより効果的に展開できることもある。

（1） 発生予防の段階

第一段階は，「**発生予防**の段階」である。この段階の取り組みでは，子ども，保護者，地域住民，住民活動等の団体，他の専門職など，地域を構成する人々すべてを対象とする。具体的な取り組みには，お便り等による「1～2歳『ジブンで！』の時期をどう支える」等の情報提供や，園庭等施設の開放，季節に応じた行事の提供等がある。また，子どもや子育てをテーマとした地域の人々の関係づくりを目的とする活動，共に取り組む子育て支援活動等もこの段階に含まれる。

（2） 進行予防の段階

第二段階は，「**進行予防**の段階」である。主として援助対象者（当事者）が，自らの課題や問題を意識し，援助を求めるなかで援助を行う段階である。保育

8：厚生労働省の介護予防，生活習慣予防で示される三段階を参考に整理した。厚生労働省は，生活習慣予防の三段階として，「一次予防　健康づくり」，「二次予防　疾病の早期発見，早期治療」，「三次予防　疾病の治療，重症化予防」を示している。（老人保健事業の見直しに関する検討会「生活習慣予防と介護予防の新たな展開に向けて　老人保健事業の見直しに関する検討会中間報告」2004年10月より）

図･表1-5　保育士が行う対人援助

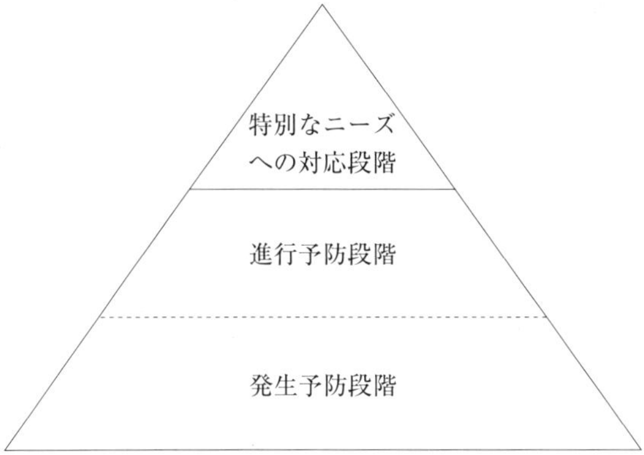

（出典：橋本真紀「保育指導の三つの段階」柏女霊峰・橋本真紀『保育者の保護者支援―保育指導の原理と技術―』フレーベル館，2008年，p.170）

士が意識的に行う個別援助の多くは，この段階に含まれる。

たとえば保護者支援の場面では，「トイレットトレーニングがうまく進まずイライラする」等がある。この段階にある保護者の不安や悩みは，子育てにおいてだれもが有する可能性があると考えられ，保育指導技術を用いた援助が多くみられる。ただし，対象が乳幼児や低学年児童の場合は，対象者のニーズを保育士や保護者，第三者が把握し，援助を始める事例が大半を占める。

（3）　特別なニーズへの対応段階

第三段階は，「特別なニーズを有する対象者への援助段階」である。発達障害，精神障害がある対象者や家族，また児童虐待，DVの状況にある家族等への対応もこの段階に含まれる。この段階の援助は長期に及ぶこともあり，保育士は，他の専門機関との連携のなかで一役割を担うこととなる。特に，特別なニーズを有する子どもや保護者の日常生活を支える役割を担っている。

4．保育実践における社会福祉援助技術活用の対象事例

（1）　個別援助技術の活用が考えられる事例

保育実践では，障害のある子どもや多胎児，アレルギー児など，子どもが特別なニーズを有し，その発達保障と保護者への支援のために個別援助技術を活

用し，他の機関と共に支援を行うことがある。児童虐待やDV，また保護者の精神障害，発達障害等により子どもと家族がニーズを有するときに個別援助技術を用いることもある。

特に保育所では，それらの子どもや家族が有する特別なニーズを最初に発見することもあり，その場合は，子どもと家族が必要とする社会制度やサービスにつなげる役割を果たしている。

(2) 集団援助技術の活用が考えられる事例

集団援助技術の活用が考えられる事例としては，子どもや保護者同士の交流，保護者と地域の人々との交流などがある。時には，多胎児，障害のある子ども，低体重児，アレルギー児の保護者，ひとり親家庭等の**セルフヘルプグループ**[9]が保育所や**地域子育て支援センター**[10]で誕生し，そのサポートを保育士が行うこともある。また，児童養護施設等においては，子どもを対象としたグループワークが実施されることもある。

ただ，子どもや保護者，地域の親子の集団を対象とした取り組みすべてが，集団援助技術を用いた活動といえるわけではない。地域の親子の集団を対象とした「親子であそぼう」などの活動では，親子の集団を対象としているが，遊びの伝達を目的として実施されていることも多い。集団援助技術を用いた活動は，集団という場を活用して個人の成長や問題解決を図ることを目的として取り組まれ，そのための意図的な援助が行われる。

(3) 地域援助技術の活用が考えられる事例

地域援助技術が援用される事例としては，たとえば，近隣住民と共に子どもの遊び場をつくるや，住民等が取り組む子育て支援活動の運営を側面的に支えるなどの取り組みがある。地域援助技術においても，地域の資源や専門機関と

9：自助グループ，ピアサポートと呼ばれることもある。久保（2005）は，「同じような問題・課題をもつ人々が，自分の問題を自分で解決するために，専門職から独立して本人主導で形成されたグループ」であると述べている。

10：事業名は，地域子育て支援拠点事業であり，多くの地域子育て支援センターは，センター型に属する。基本事業は，子育て親子の交流の場の提供と交流の促進，子育て等に関する相談・援助の実施，地域の子育て関連情報の提供，子育て及び子育て支援に関する講習等の実施である。

の連携だけでは地域援助技術を用いていることにはならない。

地域援助技術を用いた取り組みでは，保育士に所属機関や施設から地域をみる視点だけではなく，地域を俯瞰《ふかん》する視点が求められ，地域の人々が，主体的，組織的，かつ計画的に活動に取り組むことを側面的に支援していく技術が必要となる。

5．保育実践と社会福祉援助技術の展開過程における相違

保育実践と社会福祉援助技術が有する相違点の一つとして，援助の展開過程が挙げられる。特に保育所保育と社会福祉援助技術の展開過程は，共通点を有しながらも，重要な点において異なる。

保育は，乳児院や児童養護施設等においても実践されているが，保育所の保育実践は，養護と教育が一体的に行われるとされ（保育所保育指針　平成20年告示　第1章総則　2保育所の役割(2)），教育的要素を多分に含み，社会福祉援助技術との相違がより顕著である。

そこで本項では，保育所保育の実践と社会福祉援助技術の展開過程に焦点を当てて，その相違点を確認しておきたい。

保育所における保育実践は，**保育課程**[11]に基づき展開される。具体的には，保育課程の編成，指導計画の作成，保育実践，実態把握，反省・評価，環境の再構成が挙げられることが多い（図･表1－6）。保育の展開過程では，保育課程（教育課程）とより具体的な指導計画があり，指導計画は，作成される目的と内容が異なるものの社会福祉援助技術等で作成される援助計画に近い位置づけにある。

一方で，社会福祉援助技術の展開は，一般的に受理（インテーク），情報収集と分析（アセスメント），計画の作成（プランニング），介入・援助活動・実

11：『保育所保育指針解説書』においては，「子どもの最善の利益を第一義にして多様な機能を果たす保育所保育の根幹となる保育課程は，第2章に示される発達過程を踏まえ，第3章に示される保育のねらい及び内容等から編成され，保育所生活の全体を通して総合的に展開されるものです。保育の実施に当たっては，保育課程に基づき，子どもの発達や生活の状況に応じた具体的な指導計画やその他の計画を作成し，環境を通して保育することを基本とします」と解説している。

図·表１−６　保育の展開過程

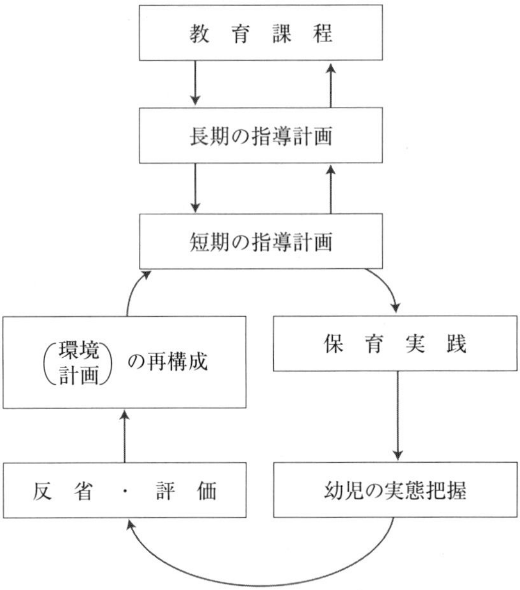

（出典：入江礼子・榎沢良彦『保育内容総論』建帛社，2005年，p.153）

践（インターベンション），事後評価，終結という過程で示されることが多い（図·表１−７）。

保育課程に基づく保育の展開過程では，**社会福祉援助技術の展開過程**に比較して，保育課程や指導計画が重要な位置を占めている。これは，保育所のもつ機能のうち教育に関するものは，幼稚園教育要領に準ずることが望ましいとされ，教育課程の編成という視点から保育の展開過程がとらえられていることによる。

つまり，保育所保育の実践においては，保育所保育指針をふまえて編成される保育課程に基づき保育が展開されている。しかし，社会福祉援助技術では，保育所保育指針のような国が示す基準や手がかりはない。多くの場合，対象者の依頼により援助が開始され，ニーズの把握や必要な情報の収集と分析から，援助が展開されることとなる。

図·表1－7　社会福祉援助技術の過程

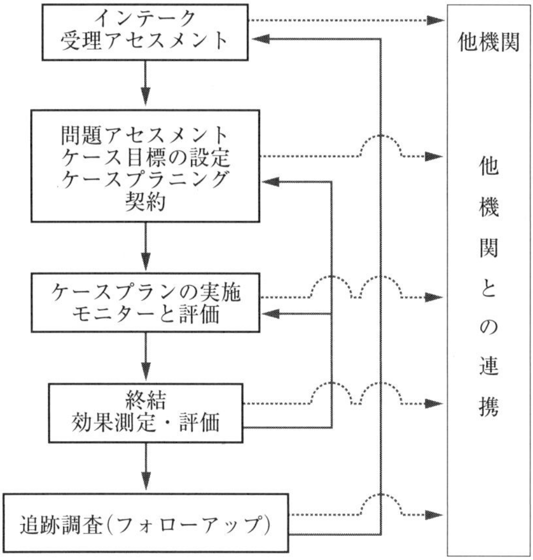

（出典：芝野松次郎「社会福祉援助技術の過程」岡本民夫・小田兼三編『社会福祉援助技術論』ミネルヴァ書房，1990年，p.110を一部改変）

保育所において保育士が社会福祉援助技術を用いる場合は，保育の展開過程と社会福祉援助技術の展開過程の相違を理解しておく必要がある。

4　保育実践における社会福祉援助技術の活用の意義

1．子どもと保護者の立場からの意義

これまで確認したように，保育と社会福祉援助技術は，社会福祉の理念を共通基盤としつつ，異なる特性を有する援助技術である。では，保育士が社会福祉援助技術を学ぶことは，援助の対象となる子どもと保護者にとってどのような意義があるのだろうか。

『保育所保育指針解説書』におけるソーシャルワークの定義では，「対象者が

必要とする社会資源との関係を調整しながら」とある。つまり，社会福祉援助技術の一つの役割は，対象者と地域の資源との橋渡しを行うことと考えられる。保育士は，保育や保育指導に関しては高い専門性を有する専門職である。一方で，他の専門職と同様に専門性の限界も有する。

しかし，保育士が社会福祉援助技術の理解を深め，対象者と社会資源の関係に着目し，その技術を一部活用することによって，子どもや保護者と他の資源との橋渡しを行うことが可能となる。子どもや保護者の立場からすれば，保育所や養護施設等，保育士がいる機関を入り口として地域の資源に出会い，よりニーズに沿ったサービスを活用できることとなる。

2．専門職の立場からの意義

保育士が，社会福祉援助技術を学び活用することの意義としては，1節で触れたように，保育士の援助技術を広げること，関係機関や地域の人々とつながる技術を学び取り組むことで，子どもや保護者にとってより有効な援助が可能となることが挙げられる。

(1) 援助技術を広げる

■大人に対応する援助技術の援用

保育士が活用する可能性が高いと考えられる個別援助技術の意義は，その援助により，個人や家族が，自らの能力や資源を十分に活用して課題に効果的に対応できるようになることにある。

保育士は，日常的には，子どもを対象として開発された技術を用い，教育課程に準ずる保育を実践する専門職である。保護者や地域の人々を対象に援助を行うにあたっては，子どもの保育で求められる基本姿勢や援助過程とは異なる態度や知識，技術を身につけることも必要となる。特に保護者が，能力や資源を十分に活用し自らの課題により効果的に対応できるように支援するためには，主として大人を援助することを目的として開発された援助技術を学び，活用することで，より対象者に即した援助が可能となる。

■人と資源の関係をみる観点を得る

保育は，子どもと保育者が物理的，心理的に対面した関係で行われ，援助者は，対象者の身体的な側面も含めて個人の状態に着目することが多い。一方で，社会福祉援助技術は，対象者の問題を対象者と社会資源との関係でとらえ，そこに援助する技術である。

たとえば個別援助技術では，個別の対象者の状態をみる割合は多いが，対象者と援助者の関係，その関係が対象者と対象者を取りまく人々に与える影響にも視点がある。集団援助技術では，集団に参加する個々とそこに生じる関係性，地域援助技術では，地域に存在する人々とその関係性に着目している。

つまり，保育と社会福祉援助技術では，対象と課題をとらえる視野と観点が異なるといえる。保育士が，ケースへの対応において，対象者と資源との関係性に着目する観点や援助方法を理解することで，直接的な援助方法だけでなく，間接的な援助方法を取り入れることができる。

(2)　連携による援助のより効果的な展開

さらに，保育士が社会福祉援助技術を学び活用することで，対象者が関係する社会資源のなかにある保育所等所属機関の役割を認識し，他の機関とともに効果的に援助を進められるようになる。

保育士が，対象者と資源との関係性に着目する観点と援助技術を活用することで，まず地域の資源を知り，対象者と必要とする資源のつながりの有無を確認し，対象者と必要な資源をつなぐことが可能となる。そして，対象者が関係する社会資源のなかにある自らの所属機関をとらえ，その果たす役割を確認できる。

虐待等，複雑な課題を抱える子どもや保護者には，多様な機関がかかわっていることも多い。そのような状況では，保育の専門性により必要と判断した援助が他の機関の援助を阻害してしまうこともある。保育士が，対象者と社会資源の関係の全体像を把握できていれば，対象者にとってより有効な社会資源と援助方法を見極め，必要に応じて他の機関に援助をゆだねることも容易となる。結果，対象者を取りまく社会資源全体として，効果的な援助が行える。

保育士は，このような意義を十分に理解したうえで，保育技術，保育指導技術を中心的な援助技術としつつ，必要に応じて社会福祉援助技術を活用しながら，子どもや保護者にとってより有効な援助を展開することが求められる。

トピックス１：「保育指導技術」を活用した保護者支援の事例

2008(平成20)年告示の保育所保育指針では，「保護者に対する支援」に関する章（第６章）が設けられた。そこには，「その専門性を生かした子育て支援の役割は，特に重要なものである」と記されている。つまり，保育所保育士が行う保護者支援は，臨床心理士やソーシャルワーカーとは異なる，「保育」の知識や技術を基盤とした専門的な援助行為であると考えられる。

そして，保育所保育指針の解説書には，保育士が有する保育の技術として，**「発達援助の技術」，「生活援助の技術」，「関係構築の技術」，「環境構成の技術」，「遊びを展開する技術」**の５つの技術が示された。ここでは，保育技術の「遊びを展開する技術」を活用し，保護者の子どもへのかかわりの効果を解説した事例を紹介する。

保育士：「お母さんお帰りなさい！　今日優太君ね，『せんせーえほんよんだけるぅ』って私に『いないいな ばー』の絵本読んでくれたんですよ。お母さんが毎日読まれているって言われてた（A）から，文字が読めなくても覚えているんですね（B）。」「雄太君，お母さんいつもありがとダネ。」

母　親：「雄太，先生にご本読んであげたの？」「毎晩『よんで～』ってせがまれるので仕方なく読んでたんです。私が先に寝てしまうことも……。でも少しの時間でも母親らしいことしてやれてるんだなって思いました。」

（ひかりのくに『保育とカリキュラム』2008年９月号 p.72掲載事例を一部改変）

子育てにおける行為は，無意識に行われていることも多く，保護者が日常生活のなかで，自分のかかわりが子どもの育ちを支えていることを確認することは容易ではない。「できていないこと」ばかりが目につき，自信を失う保護者も少なくない。そのようななかで保育士は，子どもの育ちを支えている保護者の行為を見出し（A），保護者がそのことを意識化できるよう行為の効果を伝え（B），保護者を支持することができる。

保育指導では，保護者が子育てのなかで行っていること，小さくても子どもの育ちを支えていることに着目し，保護者の親としての自信を支えていく姿勢が重要となる。

（橋本真紀）

演習問題

A．保育士が社会福祉の専門技術である社会福祉援助技術を学ぶ意義について，子どもの育ちや子育ての現状をふまえながら考えてみよう。

B．保育実践と社会福祉援助技術の特徴を，みんなで整理してみよう。

C．子ども虐待が大きな社会問題となっており，乳児院や児童養護施設などには虐待を受けた子どもたちが多く入所している。また，保育所においても，虐待を受けていると考えられる子どもたちに出会うことが多くなっている。こうした子どもや家族に対し，「子どもの最善の利益」を最大限に尊重した保育士の支援のあり方について，みんなで討論してみよう。

2章 社会福祉援助技術の意義と理念

保育士をめざす学生にとって「社会福祉援助技術」という教科は，あまりなじみのないものかもしれない。しかし，近年，保育士の業務として「地域子育て支援」が位置づけられ，保育所内の子どもの保育のみならず，広く地域の子育て家庭への支援を日々の実践として展開しなくてはならないことから，保育士として，社会福祉援助技術の専門性が問われているといえる。

そこで本章では，社会福祉援助技術の定義や体系といった基本的な知識について学び，保育者として社会福祉援助技術をどのように現場で活用できるのかについて理解することを目的とする。

1 社会福祉援助技術とは何か

1．社会福祉援助技術とソーシャルワーク

社会福祉援助技術とは，保育を含む社会福祉サービスを提供する過程で用いられる援助の方法や技法を意味する。ここでいう「過程」とは，社会福祉サービスの利用者が，自身の抱える問題解決に向けて，各種の社会資源を活用しながら，自身が本来もっているパワーを発揮できるよう援助者が支援するプロセスのことである。この考え方は「**エンパワメント理論**」「**ストレングスモデル**」に基づくものである。

社会福祉援助技術は，社会福祉の専門職が行う援助活動であり，職業的倫理

図・表２－１　社会福祉援助技術

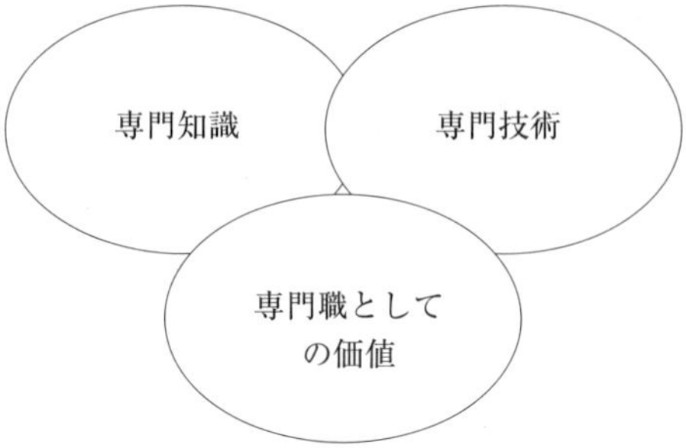

観に基づく専門的な知識と技術が求められる。つまり，社会福祉援助技術とは，専門的な知識と，それに裏づけられた技術（スキル），さらにその根底を支える価値によって構成される（図・表２－１）。

従来，社会福祉の援助というと「困っている人を援助すること」と狭義にとらえられることが多かった。しかし，近年，社会福祉援助技術は，ソーシャルワーク（social work）の訳語として日本において浸透，発展してきた過程において，予防や啓発を含めた活動を総称して「社会福祉援助技術」とする傾向が強くなっているといえる。

２．ソーシャルワークの視点

社会福祉援助技術では，利用者の問題解決過程において，利用者個人と環境の相互作用に焦点をあて，援助を展開する。つまり，利用者「個人」を深く見つめる視点と同時に，その「環境」のありようや，さらには個人と環境とが発生させている「相互作用」について理解する視点が必要である。

人は，一人で生きているわけではない。自己を取りまくさまざまな環境要因と互いに相互作用を行い，相互に依存しながら生活を営んでいる。利用者が社会福祉サービスの利用を求めるときは，この「相互作用」がうまくいかず不調をきたしているときだと理解できる。

個人が相互作用する環境としては，家族や親族，友人，近隣といったインフォーマルなシステム，職場，学校といったフォーマルなシステム等が考えられる。人は，自己の基礎的欲求を充足する資源として，金銭や物品，保育や介護といった福祉サービスや医療サービス等の有形のもの，また，無形なものとしては，愛情，受容，承認，精神的支援，信頼，忠誠，威信といったものを獲得しようとして環境と相互作用する。

しかし，常にこれらの欲求や資源が適切に得られるとは限らない。個人の欲求が満たされず，人間らしい生活の維持や，社会的機能を発揮することが困難となった状態が，社会福祉援助を必要とする利用者の姿である。

3．ソーシャルワーク（社会福祉援助技術）の対象と実践方法

ソーシャルワークは，その対象によって，次の３つに分類することができる。

① 「**ミクロ・レベル**」での実践……これは，個人や家族，グループなどに直接援助を行うものである。対象には，乳幼児から高齢者まですべての年齢層が含まれる。また，国籍や性別等によって制限されるものではなく，すべての人が社会福祉の援助を利用する権利をもっている。

② 「**メゾ・レベル**」での実践……これは，ソーシャルワークにおけるサービス提供をより効果的なものにするために行われる実践であり，具体的には，施設や機関の経営（運営）管理（予算配分やスタッフのサポート体制づくり，労働条件の整備など）等である。ミクロ・レベルのソーシャルワークの質を高めるには，メゾ・レベルでの実践が不可欠である。利用者の視点にたつと，メゾ・レベルでの実践は「間接的ソーシャルワーク」ともいえる。

③ 「**マクロ・レベル**」での実践……これもメゾ・レベルでの実践と同様，間接的ソーシャルワークといえるものである。この実践では，社会計画や政策立案，地域の組織化等のプロセスを実践していく。ミクロの実践のように利用者と直接対峙するのではなく，広範な教育的，啓発的活動や制度やシステムづくりが主な内容となってくる。個々人の個別的な問題解決ではなく，不特定多数を対象とする実践ともいえる。

2　社会福祉援助技術の概念枠組み・構造

1．ソーシャルワークの構成要素

ソーシャルワークが成立するためには，以下の４つの構成要素が必要である。

利用者の存在：まず第１に「**クライエント・システム**」と呼ばれる，社会福祉サービスを必要とする利用者の存在が必要である。保育現場においては，保育に欠ける子ども本人であったり，子どもを預ける場を必要とする共働きの保護者であったり，あるいは子育てに悩む親であったりすることが想定される。

利用者のニーズ：第２に，利用者が解決を必要とする課題（**ニーズ**）である。ニーズには，金銭や住居，食物といった物理的なもの以外に，不安の除去といった情緒的なものや，個人的な充実感を求めるもの等，多岐にわたる。援助者として，目の前の利用者のニーズが何であるのかを的確に把握することが求められる。

援助者の存在：第３に，利用者が抱える問題を利用者とともに解決するために援助を行う援助者の存在が必要である。

社会資源：第４に，問題解決のために活用する「**社会資源**」が必要である。社会資源には，保育所や相談機関といったサービス提供機関のほか，保育士をはじめとする援助者という人的資源も含む。さらには，近隣や親戚，友人といった専門職ではないインフォーマルな人的資源も含む（図･表２−２）。

2．ソーシャルワークにおける「ニーズ」とは

社会福祉援助技術の実践において，第一義的に焦点をあてるべきものは，利用者が訴える「生活上の諸問題」である。利用者が直面している課題について詳しく理解すると同時に，利用者自身がどう感じているのか，また今後どうしたいと望んでいるのかといった，利用者自身の思いや考えについて深く耳を傾けることが必要である。こうして収集した情報をもとに，その利用者の「ニーズ」は何なのかを援助者は把握するのである。

図·表２－２　ソーシャルワークの構成要素

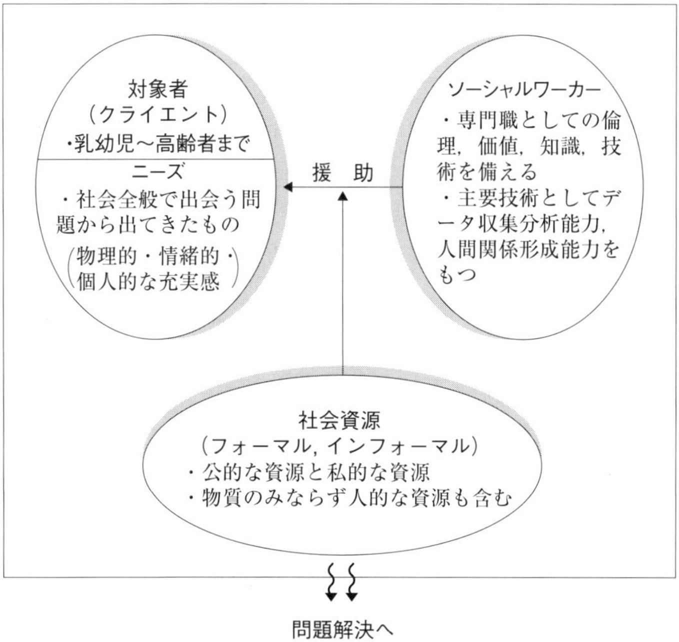
対象者
（クライエント）
･乳幼児～高齢者まで
ニーズ
・社会全般で出会う問題から出てきたもの
（物理的・情緒的・個人的な充実感）
援　助
ソーシャルワーカー
・専門職としての倫理，価値，知識，技術を備える
・主要技術としてデータ収集分析能力，人間関係形成能力をもつ
社会資源
（フォーマル，インフォーマル）
・公的な資源と私的な資源
・物質のみならず人的な資源も含む
問題解決へ

（出典：北島英治・福田あけみ・高橋重宏・渡部律子編『ソーシャルワーク実践の基礎理論』有斐閣，2002年，p.20）

ニーズとは，大きく以下の３つの総体である。

①　本人あるいは家族が，援助してほしいと望んでいるもの

②　本人あるいは家族が，実際に生活上等で困っているもの

③　専門職（援助者側）からみて，援助が必要と思われるもの

なお，実際に提供される援助は，必ずしも①②③の重なる部分とは限らない。提供する援助を決定する際には，利用者自身の自己決定や主体性を十分尊重しつつ，援助者としての専門性に基づく判断を提示し，本人にとって最善の援助を提供できるよう心がけなければならない。

図･表2－3　ソーシャルワークにおけるプロセス

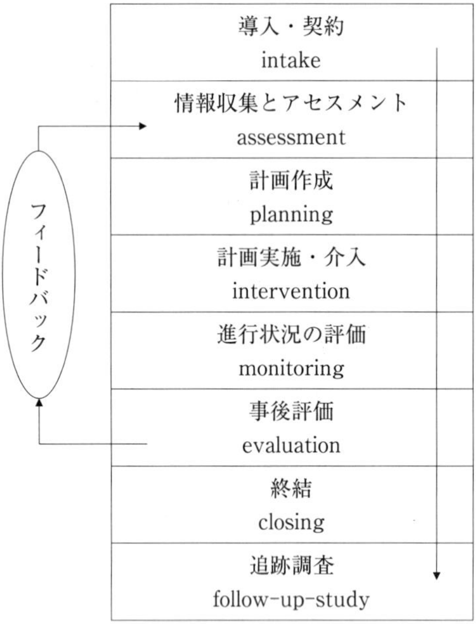

3．ソーシャルワークのプロセス

ソーシャルワークは，一般的に以下のようなプロセスで展開される（図･表2－3）。

① インテーク（intake：導入，契約，援助関係構築）
② アセスメント（assessment：事前評価）
③ プランニング（planning：支援計画の立案）
④ インターベンション（intervention：計画の実施，介入）
⑤ モニタリング（monitoring：進行状況の評価）
⑥ エバリュエーション（evaluation：事後評価）
⑦ 終結（closing）

■インテーク

当事者（保護者，子どもなど）の訴えから，または保育者としての気づきから，解決すべき問題の発見・把握，援助の必要性を認識する段階である。

次の段階（アセスメント）に進み，円滑に援助を展開するためには，この段階で，当事者と良好な援助関係を構築できるよう配慮する必要がある。次のアセスメントの過程において，当事者に自分自身のことを含め，さまざまな内容を語ってもらうためには，単に「情報収集と状況把握のため」だけの会話にならことのないよう，当事者の葛藤や不安，憤りといったさまざまな感情に共感していく姿勢が非常に重要になる。

■アセスメント

アセスメントは，援助目標の設定，援助計画の立案，介入方針の決定の基礎となるものであり，適切な援助方法を模索するうえで非常に重要な過程である。ゆえに，アセスメントは，援助過程のある一時期のみに限定して行うものではなく，援助の開始から終結に至るまで絶えず継続して行われるものである。

発見・把握した課題を解決するための援助計画を作成するにあたって，必要な情報収集をしなければならない。情報は当事者である保護者や子どもから直接面接等の方法によって話をきくほかに，保育者としての観察，他の子どもやスタッフから情報を集める等，なるべく多くの情報を収集し多角的に状況を把握できるよう努めることが大切である。一面的な見方をした理解では，問題を解決する援助を展開することは困難だからである。こうして収集した情報を分析し，必要な援助内容について検討していくことをアセスメントという。

■プランニング

プランニングとは，援助者と当事者とが共同して目標を取り決め，それを達成するための方法について検討し，適切な行動について選択していくプロセスである。目標を設定する際には，以下の５点に留意する必要がある。

①　目標は，当事者が求めていることに関連していなければならない

②　目標は，明確で測定可能なものにする

③　目標は，達成可能なものであること

④　目標は，成長を強調した肯定的な言葉で表現すること

「失うこと」ではなく「得ること」を中心にすること

⑤　目標は，施設や機関の機能と一致していること

目標達成のための具体的な援助・介入計画を作成する際には，当事者の発達段階や現状などを的確に把握し，最も有効な方法を選択することが重要である。

■インターベンション・モニタリング

介入（インターベンション）が行われているなかで，当事者にどのような変化があったか，介入の効果があったか等について，評価していくことをモニタリングという。モニタリングによって，援助者は現在進行している援助を継続するのか，中断して計画を修正するのかを判断する。

つまり，援助計画に沿って援助を実施して終了，ではなく，絶えず当事者やその周囲がどのように変化していくのかを見守る必要があるということである。

■評価（エバリュエーション）

評価とは，その援助の過程や内容，効果について検証・評価することである。

援助の途中，または終結の前提として，常に援助過程や効果について振り返ることが重要である。ここで適切な評価を行うためには，事前のプロセスにおけるアセスメントにおいて，問題の状況や当事者の状況についてきちんと整理されていることと，プランニングにおいて評価の対象や目標が明確に示されていることが求められる。

■終結

問題が解決した場合に，その援助は終結となる。

終結にあたっては，それまでの援助過程を当事者とともに振り返り，十分に話し合うことも必要である。将来，同じような問題に直面したときに，当事者が自分なりの解決の糸口をつかむことができるよう，今回の援助過程を通じて得たものを確認しあう等，ていねいなかかわりが重要である。

3　社会福祉援助技術の原理

1．社会福祉援助技術における価値と人間観

社会福祉援助技術の原理とは，「社会福祉実践の基礎となる価値や根本的な

考え方」を意味する。山縣・柏女（2001）は，社会福祉実践における「価値」とは，「社会福祉の援助過程において常に承認されるべき人間存在」を意味するとしている。すなわち，援助者自身が「人間」をどうとらえるか，その人間観が深くかかわってくるといえる。

援助者がそなえもつべき人間観として，ブトゥリム（Butrym，1986）が指摘した3つの価値が挙げられる。

① **人間尊重**……いかなる人も「価値あるひとりの人間」としてその存在を尊重されるというものである。

② **人間の社会性**……人間はそれぞれ独自性をもちながら，他者に依存し合いながら生きていることを認識するというものである。

③ **変化の可能性**……人間は年齢を問わず，常に変化，成長，発達する可能性をもち続けて人生を歩んでいるということである。

社会福祉実践における価値について考えるということは，社会福祉サービス利用者に向ける援助者の視点，まなざしの質について考えると同時に，援助者自身の専門性や人間性について洞察することでもある。

2．社会福祉援助技術の原理

(1) 援助技術の4つの原理

社会福祉援助技術の原理については，論者によってさまざまな提案がなされているが，その代表的なものの一つとして，岡村重夫（1983）による「4つの原理」が挙げられる。岡村は，社会福祉援助技術の原理を「社会性」「全体性」「主体性」「現実性」の4つとしたうえで，以下のように述べている。

① **社会性の原理**……社会福祉援助の対象者である個々の人間は，それぞれ独自性をもち，他者に依存しながら生きている存在でもあることを前提とする。したがって，社会福祉援助で取りあげる問題は，個人に関する問題，ならびに社会制度との関係で困難が生じた問題などの社会関係の問題であり，個人に対して直接的援助を行うと同時に，社会制度との関係改善に向けた，その調整の役割を果たそうとするものである。

② **全体性の原理**……個人の生活は，多様な社会関係によって成り立ってお

り，社会福祉の対象者を生活者としてとらえ，その生活者がもつ複数の社会関係が調和できるように援助することが必要であるとするものである。

③ **主体性の原理**……まず，社会福祉援助の対象者の主体性を支援することが前提となる。したがって，対象者は生活の主体者であり，さまざまな生活上の困難な問題の解決にあたって，まず何が問題なのか，どのように解決したいのかを主体的に考え，判断するのは対象者自身でなければならない。社会福祉の援助（実践）は，対象者のこのような主体性を尊重しつつ，問題解決に向けて協働作業することである。

④ **現実性の原理**……社会福祉援助を受けて解決しなければならないわれわれの生活問題は，常に現実の生活とは切り離せない現実的課題であるということである。

（２） 援助原則の統合・構造化

社会福祉援助とは，人と環境との相互作用を円滑で有機的なものにするためのさまざまな方策であり，援助の焦点は「人と環境の交流点」にあてられるべきである。

こうした考えをふまえたエコロジカル・ソーシャルワークの立場にたつヘップワース（Hepworth，D. H.）とラーセン（Larsen，J. A.）は，社会福祉援助の実践目標として，以下の６点を挙げている。

① 人々が自分自身の対処能力を高められるように援助する
② 人々が社会資源を得られるように援助する
③ 身近な環境にいる人々の交流を援助する
④ 組織が人々のニーズに応えるようにする
⑤ 組織間の交流・協力を促進する
⑥ 社会政策や環境政策の発展をめざしてはたらきかける

また，佐藤（2001）は，上記の内容をふまえ，ソーシャルワークの原理・原則を構造的に示している（図･表２－４）。

このなかで，佐藤は，ソーシャルワークの原理を「一次的原理」「二次的原理」「三次的原理」の３段階に分けている。

一次的原理　援助の基礎となる価値を表現するものであり，「人間の尊

図·表２－４　社会福祉援助技術の基本原理・原則

【一次的原理】

人間の尊重・人間としての尊厳の重視

（背景思想）

１．平等主義・機会均等
・ノーマライゼーションの思想

２．社会連帯
・予定調和的原則

３．民主社会
・民主主義の擁護
・人道主義の擁護

【二次的原理】

専門的援助関係の価値原理

１．◎個別化の原理

２．主体性尊重の原理
１．選択意思の尊重の原則
２．自立（律）性尊重の原則
３．◎自己決定の原則

３．変化の可能性の尊重の原理

【三次的原理】

専門的援助関係の展開原理
・基本的信頼関係（ラポール）の形成

1.援助者の基本的態度原理
1.◎受容の原則
2.◎非審判的態度の原則
3.◎統制された情緒関与の原則
・自己覚知
4.◎秘密保持の原則

2．専門的援助関係の過程重視の原理
1.参加の原則
・共同作業としての問題解決過程
・契約
・合意過程
・経験・体験過程
2.意識化の原則
1.意図的な援助関係の樹立の原則
2.意図的な援助方法活用の原則
3.◎意図的な感情表現の原則
4.継続評価の原則
5.専門職的自己の活用の原則
6.制限の原則

3．社会福祉援助システム介入の原則
1.社会福祉援助システム開発の原則
2.社会福祉援助システム維持・強化の原則
3.社会福祉援助システムと関連システムの連携・調整の原則

・人間性の回復＝形成
・自己実現の促進
・生命・生活・人生の質（QOL）の重視
・社会生活機能の強化
・生活の全体性・継続性の重視

◎印はバイステックが提起したケースワークの７原則。

（出典：佐藤豊道「社会福祉援助技術の基本原理・原則」福祉士養成講座編集委員会編『社会福祉援助技術論Ⅰ』〈新版　社会福祉士養成講座⑧〉中央法規出版，2001年，p.183）

重・人間としての尊厳の重視」とした。この原理の背景にあるものは「平等主義・機会均等」「社会連帯」「民主社会」の3つの思想である。

二次的原理　一次的原理をより具体化したもので「専門的援助関係の価値原理」とされている。ここで示される原則には，次に述べるバイステックの7原則のうち2つの原則が含まれている。

三次的原理　「二次的原理」をさらに実践に合うよう具体化したもので，「援助者の基本的態度原理」「専門的援助関係の過程重視の原理」「社会福祉援助システム介入の原則」の3つに大別できる。このうち「援助者の基本的態度原理」にも，バイステックの7原則が踏襲されている。

3．援助関係形成におけるバイステックの7原則

バイステック（Biestek，1957）は，利用者と援助者とがよりよい援助関係を構築するために必要な7つの原則を示している。

(1)　個別化
(2)　意図的な感情表出
(3)　統制された情緒関与
(4)　受容
(5)　非審判的態度
(6)　自己決定
(7)　秘密保持

(1)　個別化の原則

この原則は，利用者を「個人」としてとらえることを意味する。「個人としてとらえる」とは，利用者のことを自分とも他の人とも違う，ただ一人の個別な存在として理解するということである。

たとえば，ダウン症の4歳の女の子を育てるAさんという母親がいたとする。過去にもダウン症の子どもを育てる母親を支援したことがある援助者が，Aさんから直接話をきいたり，生活や子育ての実態を把握したりしないまま，「以前もうまくいったことがある」という経験則を頼りに援助計画を立て，実行したとしても，その援助が効果的とは限らない。Aさん自身の性格や特性，おか

れている環境，家族関係等といったものは「ダウン症の子どもを育てる母親の特性」として意味づけできるものではない。真の援助とは，利用者本人と向き合い，その人のことを深く理解するところから出発する。

これは，子どもを対象とする保育場面でも同じである。「3歳児」という子どもはいない。「障害児」という子どももいない。目の前にいるのは，一人ひとり顔も名前も性格も，家族環境もまったく違う，一人ひとりの子どもたちである。こうした「個別性」をしっかりと理解して援助に臨むべきという考えが「個別化の原則」の意味するところである。

（2）　意図的な感情表出の原則

これは，利用者の感情表現を大切にし，自由な感情表出を助けるという原則である。相談やサービス利用の申し込みに来る多くの利用者は，つらい気持ちや悲しい気持ちを秘めている。利用者が「保育所を利用したい」「休日保育を利用したい」といった具体的なサービス利用を求めている場合，事務的に淡々と情報提供したり手続きを進めたりしがちである。しかし，そのような場合であっても，利用者が秘めている感情に心を向けることを忘れてはならない。

援助者として，利用者が言語表現しないニーズにも配慮し，不安や悲しみといったマイナスの感情を外に出してもかまわないという場を提供することも必要である。

（3）　統制された情緒関与の原則

援助者は，自分の感情を自覚して吟味しながら援助を進めるべきという原則である。この原則において強調されるのが，利用者の感情に向けられる援助者の「感受性」「理解」「反応」の3点である。

援助者は，その時々に応じて利用者がどのような感情にあるのかを敏感に感じ取り，その意味を理解できなければならない。ここで援助者が発揮すべき「感受性」は，利用者を深く観察することと，利用者の話を傾聴することによって成立する。そのうえで，「私はこのようにあなたの感情を理解した」という反応を示す必要がある。

また，この原則は，利用者に共感してその場で一緒に悲しんだり，怒ったり，喜んだりすることだけを意味しているのではない。援助者は常に，「いかに利用者の感情に反応するか」，その方法や内容について吟味しなければならない。問題解決に向けて，最適な方法とタイミングで，援助者側が利用者に情緒的にかかわることが求められるのである。

（4） 受容の原則

受容とは，わかりやすくいえば文字通り「受けとめる」ことである。受容は，相手のこれまでの歴史，個性，生き方を理解しようとすることから出発する。この理解の過程で，たとえ利用者が自分とは異なる価値観をもっていても，相手を拒否，否定することなく，その人の「ありよう」を受け入れることが受容である。

ただし，受容とは，ただやみくもに相手を受け入れることではない。その人がなぜそのように感じたり行動したりするのかを理解しようとすること，表出した言動だけにとらわれてその人を判断するのではなく，その背景にある歴史や個性等に思いをはせていくことで真の受容が可能となる。そのためには，利用者との十分なコミュニケーションが必要となる。

（5） 非審判的態度の原則

これは，利用者を一方的に非難したり，援助者の個人的な価値観をもって批判したりしないという原則である。利用者の相談にのる等，援助を展開する過程で配慮すべきことの一つとして，一般的にみたら非難されるであろう言動を利用者がとった場合に，「なぜそのような言動をしたのか」という利用者なりの理由や背景に歩み寄る姿勢をもち，利用者の話に耳を傾けることが挙げられる。この原則は，先述した「受容」の原則とも重なる部分が大きい。

援助者の目からみて気になること，正しくないと思えることが，利用者にとってはどのような意味をもつのかを知ろうとすることが援助過程では不可欠である。

（6） 自己決定の原則

これは，利用者の自己決定を促し尊重するという原則である。援助を展開するうえで，援助者は「援助方針や内容の最終決定をするのは援助者ではなく，利用者本人である」ということを強く認識する必要がある。たとえ相手が幼児であったり病気であったりしても，本人が何を望んでいるのかという点に常に焦点をあてようとする姿勢が大切である。

利用者が「どうしたらいいと思いますか」と，直接的に援助者の意見や助言を求めてくることもある。また援助者は，その専門知識や経験から「これが最善だ」と思える解決策をもっている。しかし，援助者側はあくまで選択肢を提示するのであり，選択し決定するのは利用者本人である。

援助者が最善と思う選択肢を利用者が選択しないこともあるだろう。そのようなとき，援助者は，自分の専門職としての自尊心を傷つけられたような気持ちがするかもしれない。しかし，プロだからこそ，自分の感情を統制し，利用者が選択した内容を一緒に吟味し，なぜ利用者がそれを選択したのかを考え，問題解決に向けて一緒に取り組むことが大切である。

しかし，「自己決定の原則」とは，何もかも利用者の言うとおりにするということではない。明らかに利用者が失敗したり傷ついたりするような選択肢を選ぶときには，時間をかけて可能性やリスク等といった必要な情報を提供し，利用者が適切な判断ができるよう援助することも必要である。

（7）　秘密保持の原則

これは，援助者は利用者の個人情報などの秘密を守り，信頼感に基づく援助関係を構築するという原則である。秘密保持（守秘義務）は，保育士や社会福祉士等の社会福祉の専門職以外に，弁護士や医師などの専門職にも課せられている。利用者の悩みや生活実態など，援助過程で知り得た情報をみだりに他者に話さないという原則である。

しかし，援助過程では，一人の援助者だけでなく，複数の専門職で構成するチームによって援助を展開することが少なくない。このように，利用者の援助を効果的に進めるために必要な場合には，利用者に説明し，必要に応じて承諾を得ながら，関係者間で情報共有を図ることになる。

トピックス２：日々の保育にいかす社会福祉援助技術

社会福祉援助技術の重要な部分を占めているのは，コミュニケーションスキルであるといっても過言ではないだろう。

相手が子どもである場合，保護者である場合，さまざまなケースが想定されるが，要は，相手の感情や状況にどれだけマッチした受け答えができるかという点に，有効に援助を展開できるか否かがかかっているといえる。

社会福祉援助技術において必要かつ重要とされているコミュニケーションスキルの多くは，日々の保育のなかでも応用できるものである。

援助関係を構築するための原則の一つとして「共感」を本文にて紹介した。子どもたちと日々の保育を通して向き合うなかで，子どものつらさ，不安，悲しみといったマイナスの感情だけでなく，喜び，楽しみといったプラスの感情にもタイミングよく共感の声かけができる保育者は，子どもたちの心をつかんで離さないであろう。

転んでしまった子に寄り添い「痛かったねぇ」とまるで自分も足が痛いような表情で子どもの声を代弁したり，ハサミを上手に使うことができるようになった子どもと一緒に「うれしいね，上手だね」と，ほめたりするだけでなく，子どもの感情を繰り返し言葉にしたり全身で表現したりすることによって，子どもとのよりよい関係は構築されていく。

また，援助過程のプランニングにおいて，目標設定の際の留意点として「肯定的な表現を使うこと。失うことよりも獲得することを強調した表現を使うこと」を挙げた。たとえば，「ろうかは走らない」と言うよりも「ろうかはゆっくり歩こう」と言う，「友だちとけんかしてはいけません」と言うよりも「友だちと仲よく遊びましょう」と言うほうが，言われる側の子どもにとっては，心地よいものであろう。禁止のメッセージよりも，「よい方向へと導き促すメッセージ」を発信することを心がけたい。

社会福祉援助技術とは，特別なことの総体ではない。日頃の保育の一つひとつを積み重ねることで自ずと自己のなかに浸透していく技術といえよう。

（伊藤嘉余子）

演習問題

A．社会福祉援助技術を行う保育者として備えるべき価値（人間観，子ども観，人生観など）について，グループで話し合ってみよう。

B．人が生きていくうえで直面する可能性のある生活問題について，ライフステージ別に書き出し，表にまとめてみよう。

児童期	就労期	高齢期
例：子どもが障害児だったら……	例：離婚して母子家庭になったら……	例：寝たきりになったら……

C．バイステックの７原則を完全に実践するのは非常に困難であることが予想される。特にどの原則が困難か，またそれはなぜか，話し合い考えてみよう。

3章 社会福祉援助技術の体系

社会福祉援助技術（ソーシャルワーク）とは，個人や集団，また地域にかかわりながら，何らかの生活上の困難を抱える人々を支援する方法や技術である。

それは，ケースワーク，グループワーク，コミュニティワークという分化したかたちで発展してきた経緯があるが，今日では，それらをソーシャルワークの方法として統合化してとらえるようになっている。

本章では，人々の社会生活を支援するために個人と環境との関係にアプローチするソーシャルワークのさまざまな専門技術や関連技術の概要について学ぶとともに，その統合化の動きや，今日のソーシャルワークのさまざまな技術の基盤となっている生活モデルの考え方についても触れておきたい。

1　社会生活を支援するソーシャルワークの多様な技術

1．人々の生活を支援する技術として

ソーシャルワーク（社会福祉援助技術）の実践は，何らかの社会生活上の困難を抱える人々にかかわり，必要な制度やサービスの利用に結びつけたり，さらには家族や集団，地域などその人を取りまく環境にもはたらきかけながら，その安定した生活の維持や回復を支援する援助活動である。そのような生活の安定や回復を支援するためには，人間や社会，またさまざまな社会資源などに関する知識をもとにして，多様な援助技術の活用が必要になる。

つまり，ひと口に利用者の生活を支援する活動といっても，それが利用者個人にかかわるだけでなく，利用者が所属する家族や集団にかかわる活動もあれば，さらには利用者が暮らす地域へのはたらきかけを行う活動もある。また，利用者やその問題状況の理解，そして利用者との面接や援助関係の構築，情報収集，援助計画の作成，社会資源の活用や開発など，援助活動のなかにもさまざまな段階や場面がある。

このように，援助の対象に応じた多様な援助技術があり，一つの援助過程の展開のなかでもいろいろな技術が活用されることになる。

たとえば高齢者施設や障害者施設などにおける生活支援の仕事にしても，それが重度の障害を抱える人々や認知症の状態にある高齢者の「**生活の質**」(Quality of Life：QOL）を支え，その向上を図るものでなければならない。

利用者の食事や排泄，入浴，外出等の一つひとつの日常生活行為やその行為が行われる場面を支え，そして利用者の生活全体を総合的に支えていくことが求められる。それには，身体的な側面のみにとどまらず，生活空間や環境へのはたらきかけをも視野に入れた生活支援の方法が求められるのである。すなわち，いわゆる介護を中心としたケアワークと，相談援助を中心とするソーシャルワークとの連動が必要なのである。

しかし，これらは，決して相談援助や介護の方法・技術が先にありきということを意味するのではない。社会福祉の多様な援助技術とは，あくまでも人々の生活を支援するための「手段」なのであり，それ自体が目的なのではない。安定した日常生活を営むのに援助を必要とする人々や，サービス利用者が抱えている状況が先にあって，その個々の状況に応じての適切なかかわりや援助技術を，その時々でいかに見出し，駆使しながら利用者の生活を支えていくかが，生活支援としてのソーシャルワーク実践に問われるのである。

図･表3-1は，ソーシャルワークの技術を活用する職種や実践が行われる職場について，分野ごとに整理したものである。このように今日では，多様な分野や機関，施設に所属する**社会福祉専門職**により，ソーシャルワークの技術が活用され，生活支援の実践が行われている。

図・表3-1 ソーシャルワークの実践を担う社会福祉専門職とその職場（機関・施設）

社会福祉の分野	社会福祉専門職の主な職種	社会福祉専門職の主な職場
低所得者福祉	査察指導員，現業員（ケースワーカー）生活支援員，作業指導員，職業指導員　など	福祉事務所，社会福祉協議会，救護施設，更生施設，医療保護施設，授産施設，宿所提供施設　など
障害者福祉	身体障害者福祉司，知的障害者福祉司，更生相談所相談員（ケースワーカー），生活支援員，作業指導員，職業指導員，職場適応援助者（ジョブコーチ）　など	福祉事務所，身体障害者更生相談所，知的障害者更生相談所，精神保健福祉センター，社会福祉協議会，地域障害者職業センター，「障害者自立支援法」に規定される生活介護や自律訓練，就労移行支援，地域生活支援事業などを行う事業所や施設，また共同生活介護（ケアホーム），共同生活援助（グループホーム）等を行う施設　など
高齢者福祉	老人福祉指導主事，生活相談員（ソーシャルワーカー），介護職員（ケアワーカー），各機関のソーシャルワーカー　など	福祉事務所，社会福祉協議会，地域包括支援センター，養護老人ホーム，特別養護老人ホーム，軽費老人ホーム，老人デイサービスセンター　など
児童福祉	児童福祉司，家庭児童福祉主事，児童指導員，児童生活支援員，職業指導員，児童自立支援専門員，家庭支援専門相談員（ファミリーソーシャルワーカー）　など	児童相談所，福祉事務所（家庭児童相談室），児童館，児童家庭支援センター，社会福祉協議会，児童養護施設，児童自立支援施設，重症心身障害児施設，盲・ろうあ児施設，知的障害児通園施設，情緒障害児短期治療施設　など
母子福祉	母子指導員，母子自立支援員，少年指導員　など	児童相談所，福祉事務所，社会福祉協議会，母子生活支援施設，母子福祉センター，母子休養ホーム　など
医療福祉	医療ソーシャルワーカー（MSW），精神科ソーシャルワーカー（PSW）　など	福祉事務所，保健所，精神保健福祉センター，一般病院，専門病院，診療所，精神病院，精神科診療所　など
教育福祉	学校（スクール）ソーシャルワーカー　など	児童相談所，教育委員会，小学校，中学校，高等学校，特殊教育諸学校　など
司法福祉	家庭裁判所調査官，保護観察官，法務教官，婦人相談員　など	児童相談所，家庭裁判所，保護観察所，婦人相談所，少年鑑別所，少年院，婦人保護施設　など
地域福祉	福祉活動指導員，福祉活動専門員　など	社会福祉協議会　など

図·表3－2　個人と環境及び両者の相互作用への視点とはたらきかけ

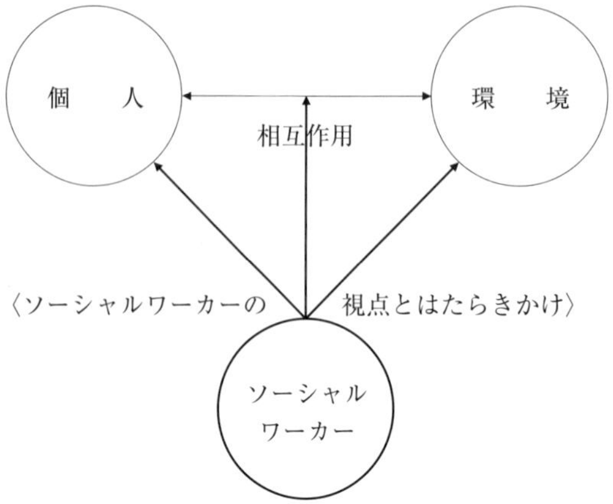

2．「人と環境との相互作用」への視点

私たちは生きていくうえで，自分を取りまく環境（人，物，場所，空間など）にはたらきかけながら，また周囲の環境に自分を合わせながら，いわば周囲とのバランスをとって日々の生活を営んでいるといえる。つまり，人間の社会生活は，周囲の環境との相互作用から成り立っていると理解することができる。そして，ソーシャルワークの主たる関心は，この「**人と環境との相互作用**」にある（図·表3－2）。

たとえば，だれかが何らかの社会生活上の困難（生活問題）を抱えている場合，単にその人の側に問題があるというのではなく，その人と環境との関係，すなわち相互作用のあり方が困難状況を生み出していると考え，環境へのはたらきかけを通して，その相互作用の状態を改善することをめざすのである。

このような考え方に基づいて，ソーシャルワークは常に周囲の人々やその他環境との関係において生活する個人（**状況のなかにある人**：person-in-situation）という人間観をもって，援助が必要な人々にかかわることになる。このような人と環境，さらに両者の関係（相互作用）への視点から援助活動を展開するところにソーシャルワークの特徴がある（図·表3－3）。

そして，ソーシャルワークの代表的な援助技術としては，個人や家族，集団，

図·表3－3　状況（環境）のなかの人

地域にかかわる技術として，それぞれケースワーク，グループワーク，コミュニティワークがある（図·表3－4）。しかし，それらは別々なものとしてとらえられるものではなく，主たる関心を人間の社会生活，すなわち人と環境との相互作用におき，いずれの技術も共通して人間の生活を直接的，間接的に支援する技術として不可欠なものである。

つまり，ソーシャルワークの実践においては，人々の生活への総合的かつ包括的な援助を可能にするために，各援助技術を相互に関連するものとして統合化してとらえ，利用者が直面している困難状況，及びそれに対する個々の援助場面に応じて活用していくことが必要である。

3．ソーシャルワークの体系

人間の生活を支援するソーシャルワークは，個人や家族にかかわることもあ

図・表3－4　ソーシャルワークの代表的な3つの技術

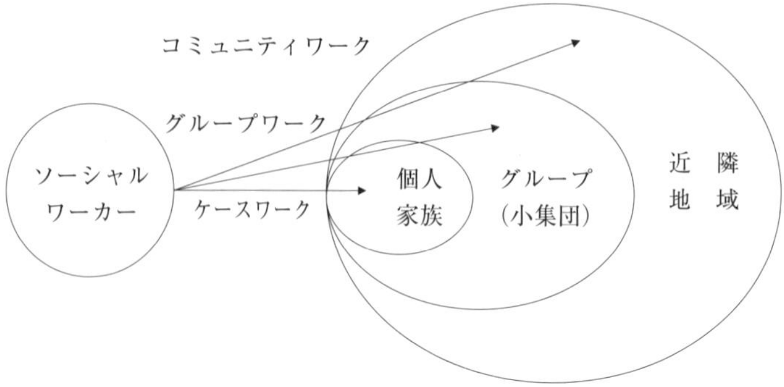

れば，集団あるいは地域にはたらきかけるなど，その実践の形態は多様である。そして，その実践は児童福祉や高齢者福祉，障害者福祉などの社会福祉の諸分野にとどまらず，医療や司法，教育などの隣接分野でも行われている。また，それが実践される現場も，入所施設や通所施設，公的なあるいは民間の相談機関や団体，さらには学校や病院などとさまざまである。

援助者として必要な知識と価値とを前提として，人々が現実に抱えている個別的な生活問題を理解し，個々の状況や場面に最もふさわしい実践形態や援助技術により，問題状況への介入が行われ，ソーシャルワークの実践が展開されることになる。

その援助技術のなかには，個人や家族に直接的にかかわるものもあれば，地域住民や団体などを対象とするものもある。また，利用者のニーズを理解するための調査の実施や，地域福祉の増進のための計画策定，また援助者を対象としてその技能の向上を目的にしたものもある。

これらは直接的に利用者にかかわるものではないが，人々の生活環境の改善やよりよい生活支援の実践のためには欠かせないものである。ソーシャルワークの多様な実践形態に応じて活用される，あるいはソーシャルワークの実践に関連するさまざまな援助技術を一覧にしたものが図・表3－5である。

図·表3-5　ソーシャルワークの体系

直接援助技術 個人や家族，集団への直接的なかかわりのなかで活用される援助技術	ソーシャル・ケースワーク（個別援助技術） ソーシャル・グループワーク（集団援助技術）
間接援助技術 人々を取りまく環境へのはたらきかけを主として，その整備や改善をめざす援助技術	コミュニティワーク（地域援助技術） ソーシャル・アクション（社会活動法） ソーシャルワーク・リサーチ（社会福祉調査法） ソーシャル・プランニング（社会福祉計画法） ソーシャル・ウェルフェア・アドミニストレーション（社会福祉運営管理法）
関連援助技術 ソーシャルワークの実践を支える，あるいはソーシャルワークに関連するさまざまな技術	ケース・マネジメント ネットワーク カウンセリング スーパービジョン コンサルテーション

2　直接援助技術の概要

1．ソーシャル・ケースワーク（個別援助技術）

（1）ソーシャル・ケースワークとは

何らかの生活上の困難を抱える個人や家族との，直接的な関係を軸に展開されるソーシャルワークであり，伝統的にソーシャル・ケースワーク（social casework）と呼ばれてきているものである。何らかの生活問題を抱える個人や家族が，援助者と協働して問題状況の改善に取り組み，社会福祉サービスなどの社会資源の活用を通して，その主体的な生活の実現と安定を図っていけるように支援する技術である。

（2）ソーシャル・ケースワークの始まり

このケースワークの始まりは，貧困問題への対応にあったとされる。1869年にロンドンで設立された「**慈善組織協会**」(Charity Organization Society：

COS）の活動のなかには，「**友愛訪問員**」（friendly visitor）と呼ばれるボランティアによる貧困家庭への個別訪問活動（友愛訪問）があった。

貧困は個人の道徳的・人格的な欠陥から生じるという考え方から，この友愛訪問の目的は，対象者を道徳的に改良していくことであった。友愛訪問員は，「施しではなく友人を」の精神に基づき，貧困家庭を訪問して，調査や自立のための道徳的な指導を行ったのである。このような友愛訪問の活動にソーシャルワークの中心となるケースワークの源流をみることができる。

イギリスで生まれたCOSの活動は，その後アメリカに渡り，友愛訪問員の活動については，これまでのボランティアによるものから，有給職員による活動を展開するCOSが増えていった。相談援助活動の専門家という職業意識もここから生まれていき，この有給職員としての友愛訪問員が，現在のソーシャルワーカーの前身といえる。この貧困家庭への訪問を専門的な活動にしていこうとする動きを推し進め，専門職化に大きく貢献したのが，後に「ケースワークの母」と呼ばれるようになるリッチモンド（Richmond，M．E.）であった（4章参照）。

（3） ケースワークに求められるもの

人間は，他者の存在を含めた環境とのつながりのなかで日々の生活を営んでいる。そのことは，私たちが日常の生活のなかで行うさまざまな行為や行動の背景には，それをもたらす意思や動機があり，それらは，他者や環境との関係のなかで生まれるということを意味する。

つまり，人間は自分を取りまく他者や環境との関係のなかで，そのときそのときの行動への意欲，また生活への意欲や生きがいを見出しながら，また見出そうとしながら日常を過ごしているといえる。そのような自らの生活の「主体」としての存在が可能になるような他者や環境との関係を，援助者がつないでいく必要がある。あるいは，福祉サービスなどの提供を通して個人や家族が抱える困難状況を改善し，利用者の生活における主体性を導き，支えるようなかかわりやはたらきかけが，ケースワークに求められるのである。

ケースワークは，個人や家族に個別に直接的にかかわりながら，またさまざまなサービスや社会資源の提供を通して，家族関係や社会関係（環境との関係）の調整を行うことで，困難状況の改善をめざすものである。そして，そのためには，援助者と利用者との信頼関係に基づいた援助関係の構築が必要である。そのような援助関係を基盤にして，援助が必要な個人や家族が抱える個別の困難状況への理解と生活支援が可能になるのである。

2．ソーシャル・グループワーク（集団援助技術）

（1） ソーシャル・グループワークとは

グループ（小集団）での取り組みを通して，グループメンバー個々人の生活を支援するソーシャルワークの実践や援助技術が，ソーシャル・グループワーク（social groupwork）といわれるものである。グループワークはグループ（小集団）内に生じるメンバー相互の関係とそれに伴うさまざまな事象（**グループ・ダイナミクス**：group dynamics）を援助者が意図的に活用することによって，個々のメンバーの成長やそれぞれが抱える問題状況の改善を促す技術である。

（2） ソーシャル・グループワークの始まり

グループワークの始まりは，前述のCOSの活動と同時代に生まれた，セツルメントの活動にみることができる。セツルメントの活動とは，貧困問題を抱えるスラム街に，学生や知識人が住み込み，同じ住民としての交流を通して貧困者の生活を支援しながら，同時に彼らを取りまく社会環境の改善をめざすものであった。そこでは，移民の人々のための語学教育や保育所の運営，また貧困家庭の児童や青少年たちの学習活動やレクリエーション活動，また各種の相談活動など，貧困者の生活ニーズに応じたさまざまな活動が，多くのボランティアによって行われた。

1884年にロンドンのイーストエンドに創設された**トインビーホール**（Toynbee Hall）は，世界最初のセツルメントハウスとして，また，1889年にアメリカのシカゴに設立された**ハル・ハウス**（Hull-House）は，世界最大のセツルメントハウスとして有名である。

また，19世紀の半ばには，クラブ活動やキャンプ，レクリエーション活動などを通して，青少年の犯罪防止や健全な育成をめざしたYMCA（Young

Men's Christian Association：キリスト教男子青年会）やYWCA（Young Women's Christian Association：キリスト教女子青年会）がロンドンで生まれた。

このような，キリスト教の信仰を共にしながら，さまざまな活動を通して人格的な交わりを深める青少年団体の活動も，イギリスからアメリカに，そして世界各国へ広がっていった。このような青少年団体の活動にも，グループワークの源流をみることができる。

（3） グループワークに求められるもの

今日では，一人暮らしの高齢者や，要介護高齢者と生活する家族などが集い，交流を深めるなどといったグループワークの取り組みが行われている。同じような状況にあったり，共通の趣味や関心など，何らかの共通点をもったグループメンバー間の交流や相互作用の関係づくりを通じて，それぞれがお互いに支え合い（**相互支援関係**の構築），主体的な生活を獲得していく過程を支援するのがグループワークの目的である。

このような，援助者と利用者との個別の関係による支援（ケースワーク）では体験できないメンバー同士の相互支援があることと，それをメンバー個々人の成長や問題解決につなげていくことがグループワークの特徴である。

その意味で，メンバー同士がお互いに自分を表現し，相互作用する場としてのグループの形成を導けるかどうかが，援助者の役割として問われることになる。グループへの援助の際にワーカーに求められることは，個々のメンバー間の関係やその時々のグループ全体の状況を把握しながら，その状況に応じて，はたらきかけや介入の仕方を工夫していく技術や能力である。

常に，グループのリーダー的な存在としてリードするばかりが援助者の役割ではない。グループの主体はあくまでもグループメンバーであり，メンバー間の相互作用とそれに基づく「相互支援関係」の構築を援助者が促していくことが重要である。あるいは個々のメンバーにかかわりながら，一人ひとりがそのグループのなかでの自分の存在意義を見出し，自己を表現し，主体的に参加することを可能にしていくことが援助者に求められるのである。

3　間接援助技術の概要

1．コミュニティワーク（地域援助技術）

（1）　コミュニティワークとは

コミュニティワーク（community work）は，地域社会のなかで起こるさまざまな生活問題を対象に，地域住民の参加や地域の社会福祉施設・機関の連携などによって，地域における社会福祉の増進，すなわち住民にとって住みよい地域づくりをめざすものである。

（2）　コミュニティワークの始まり

コミュニティワークの歴史も，イギリスでのCOSの活動に始まる。19世紀のイギリスは，産業革命を経て資本主義社会が発展した時代であるが，それは一方では貧富の差の拡大を生み，多くの貧困者を生じさせた。

そのような貧困者への救済活動として，キリスト教の思想に基づく私的な慈善活動が行われていたが，貧困問題が深刻化する状況のなかで，個別の団体による慈善活動では対応できない状況になっていた。また，貧困者のなかには，複数の慈善団体から重複して援助を受ける者もあれば，どこからも援助を受けられない者もいるというような，濫救《らんきゅう》や漏救《ろうきゅう》の問題も生じていた。

COSは，そのような状態を防ぎ多くの慈善団体間の連絡や調整を行うことで，救済の合理化と組織化を図ることを目的に設立されたことから，その活動が今日のコミュニティワークにつながるといえる。

また，前述したセツルメントやYMCA，YWCAの活動も，貧困家庭や青少年への支援とともに，そのような人々が暮らす地域の生活環境の改善活動も行っている。その意味では，これらの活動にもコミュニティワークの源流をみることができる。

（3）　コミュニティワークに求められるもの

人々の生活の場としての地域を支えるためには，地域におけるニーズの把握，住民の参加や組織化へのはたらきかけ，行政機関と民間の社会福祉施設・機関や団体との連携などを促していくことがコミュニティワークの実践として必要となる。

また，地域における社会福祉サービスやボランティア活動などの社会資源の充実を図り，近隣の人々や地域のボランティア団体，福祉機関や組織などとのかかわりをもつ必要がある。地域における福祉活動への住民の参加を促したり，サービスの開発や内容の改善を求めて交渉したりするなど，地域の状況に応じて必要な社会資源を開発し，整備していくことが求められるのである。

たとえば，介護や子育ての問題を抱えて生活困難な状況にある人々への支援を考えたときに，活用できる社会資源が地域になかったり，またあったとしても不十分であったり，利用しづらかったりする場合がある。その際には，公私の社会福祉サービス，あるいは住民同士の支え合いやボランティア活動など，社会資源の改良や利用方法の改善，また新たな社会資源を開発するようなはたらきかけが必要になる。

地域にあるさまざまな福祉サービスが，当事者にとって利用しやすいものになっているのか，利用者やその家族の生活を支えるような形で提供されているのか，複数の機関がかかわる場合には相互の連携がとれているのか，住民のボランティア活動への関心や参加の状態はどうか，などということがコミュニティワークの実践のなかで把握され，必要であれば改善に向けたはたらきかけが行われなければならない。

コミュニティワークを実践するソーシャルワーカーは，住民のだれもが地域の一員として生活できる，住みよい地域づくりに向けて活動を行う。そのためには，その地域における住民のニーズや，生活上の困難を抱える人々のニーズに常に敏感であり，地域社会のなかで，何らかの生きづらさや生活のしづらさに直面する人々，またそれによって地域のなかで孤立した状態にある人々の代弁者でなければならないのである。

コミュニティワークの他にも，主として個人を取りまく環境的側面のかかわりやはたらきかけを行うことで，人々のニーズの把握や福祉環境の整備・充実に向けた活動や計画策定などにより，地域の人々の生活を支えていくためのさまざまなソーシャルワークの技術がある。

2．ソーシャル・アクション（社会活動法）

（1）　ソーシャル・アクションとは

ソーシャル・アクション（social action：社会活動法）とは，個人や集団，または地域のニーズに即した社会福祉施策やサービス内容の改善，あるいは何らかの社会福祉サービスを新たに整備することを促すための技術である。当事者団体や住民，社会福祉関係者などの組織化を図り，集会活動や署名活動，あるいは誓願や陳情などにより，行政機関や議会などにはたらきかけることによって，政策的な対応などを促すための活動を展開する。

（2）　ソーシャル・アクションの始まり

ソーシャル・アクションの源流は，1950年代から1960年代にかけてのアメリカにみることができる。当時アメリカでは，失業や貧困の問題だけでなく，犯罪や青少年の非行の増加，黒人の**公民権運動**に象徴される人種差別の問題など，さまざまな社会問題の出現とそれへの解決が求められるようになり，まさに社会変革が必要とされた時代であった。

そのなかで生まれた公民権運動は，キング牧師（King, M. L.）の思想と活動に代表される黒人に対するさまざまな社会的，経済的差別や人権侵害の撤廃を求める社会運動であった。その運動の成果として，1964年の公民権法や1965年の投票権法の成立などが挙げられるが，経済的な差別は依然として根強く残り，貧困家庭の多くは黒人家庭が占めるという状態であった。

このような状況に対して，1960年代には，各地で公的扶助受給者を中心とする「福祉権組織」（welfare rights organization）が組織化されるとともに，公的扶助引き締め施策に抵抗する権利要求運動としての「**福祉権運動**」が全国に広がっていく。このような動きを背景に，ソーシャル・アクションは，社会環境の改善を促すソーシャルワークの援助技術として認識されるようになっていった。

（3）　ソーシャル・アクションに求められるもの

今日の日本では，さまざまな社会福祉のサービスが利用者と事業者との「契約」による利用になっている。その際に，たとえば認知症高齢者や知的障害者などの自分で決定したり判断したりする能力が十分でない人々，また自らの要求を訴えることが難しい人々が，福祉サービスの利用等の際に不利益を被ることにならないようにしなければならない。また，介護や子育てなどさまざまな生活上の困難を抱える当事者を組織化して，たとえば制度や施策のあり方に，そのような当事者の声を反映させていく活動も求められている。

社会福祉の制度やサービスが真に利用者主体のものとなるために，そして自らの意思を主張することが困難な人々が決して置き去りにされないように，そのニーズを基本にして，利用者の立場に立った適切なサービスの利用をいかに支え，その権利を擁護し，地域での安定した暮らしを支えていくかがソーシャルワークにおける重要な課題となっている。その意味でも，ソーシャル・アクションの重要性は高まっているといえる。

3．ソーシャルワーク・リサーチ（社会福祉調査法）

（1） ソーシャルワーク・リサーチとは

ソーシャルワーク・リサーチ（social work research：社会福祉調査法）とは，たとえば地域における高齢化の状況などに合わせて，どのような社会福祉サービスがどれくらい必要かなどを見極めるための資料を得ることを目的に調査を行ったり，当事者が抱える問題の実情や地域住民の福祉ニーズの把握，また社会福祉サービスやソーシャルワークの活動の評価を行ったりすることで，福祉サービスの充実やソーシャルワーク実践の質の向上などに寄与するための技術である。

（2） ソーシャルワーク・リサーチの手法

その手法としては，たとえばアンケートなどを行って多くの住民のニーズを統計的に把握する量的調査や，当事者への個別の聞き取り調査などを行ってその結果を記述的に分析していく質的調査がある。また，利用者へのサービスの評価やソーシャルワーカーによる援助の効果を測定する方法などもある。

このように，ソーシャルワーク・リサーチにはさまざまな手法があり，それらは調査の趣旨や目的，対象などに応じて多様に活用されている。しかし，いずれにしても，それらは地域住民の生活の実態に応じて必要な制度や施策の立案，また生活上の困難を抱える当事者やサービス利用者のニーズに応じたサービスや援助活動の提供を可能にするためのものである。

すなわち，ソーシャルワーク・リサーチがソーシャルワークの技術である以上，それは一般の社会調査とは異なるものである。何らかの生活上の困難を抱える当事者や，サービス利用者にとって，どのようなサービスが求められているのか，どのような地域になれば安心して暮らせるのかなどといった，あくまでも当事者や利用者の生活の安定や安心して暮らせる地域づくりに寄与することを目的に活用されるということ，すなわちソーシャルワークの思想や価値に根ざした技術であることが忘れられてはならない。

4．ソーシャル・プランニング（社会福祉計画法）

（1）ソーシャル・プランニングとは

前述したソーシャルワーク・リサーチの結果を基にして，たとえば当事者や住民のニーズの充足，あるいは地域が抱える生活問題の解決などに向けた目標設定と，その実現のための具体的な方策を明らかするための計画策定の技術としてのソーシャル・プランニング（social planning：社会福祉計画法）がある。

ソーシャル・ウェルフェア・プランニングとも呼ばれるこの技術は，今日の人々が直面する生活問題が多様化・複雑化の様相をみせるなかで，社会福祉全体の将来像や，個々の地域におけるさまざまな施策やサービスの整備など，住民のための適切な生活支援体制づくりを計画的に推進していくために重要な技術である。

（2）ソーシャル・プランニングの目的

2000（平成12）年に成立した社会福祉法では，その目的として「地域福祉の推進」がうたわれ，市町村に「**地域福祉計画**」，また都道府県には「**地域福祉支援計画**」の策定が義務づけられている。また，これらの計画の策定には，社会福祉サービスの事業者や社会福祉に関する活動を行っている者，そして当該地域で暮らす住民の意見を反映させていくことが規定されている。

住みよい地域づくりのためには，計画策定の過程に関係者・当事者や住民の参加を促し，地域の実情や住民のニーズに応じた地域福祉を，行政と社会福祉関係者及び住民との協働作業により計画的に推進することが求められている。

これには，計画実行段階での見直しや計画実行後の目標達成の度合いなどの評価も住民を含めた関係者で共有していくことが必要である。その意味で，ただ計画をつくるだけでなく，そのような計画策定とその実行及び評価の一連の過程が，協働作業として可能になるような条件整備も，ソーシャル・プランニングにおける重要な技術であるといえる。

5．ソーシャル・ウェルフェア・アドミニストレーション（社会福祉運営管理法）

（1） ソーシャル・ウェルフェア・アドミニストレーションとは

さまざまな社会福祉関係の制度や施策を適切に機能させ，また社会福祉サービスを提供する施設や機関が常にサービスの質の向上を図り，それぞれの連携によって効果的なサービス提供を可能にするためには，ソーシャル・ウェルフェア・アドミニストレーション（social welfare administration：社会福祉運営管理法）の技術が必要となる。

これは，広義には国や地方自治体の社会福祉制度や施策の運営管理を指し，狭義にはさまざまな社会福祉サービスを提供する機関や組織，あるいは児童福祉施設や高齢者福祉施設などの社会福祉施設の運営管理のことをいう。

たとえば，国や地方自治体が策定する社会福祉制度や，それに基づく社会福祉行政全体の運営管理においては，国が定めた計画や地域福祉計画などにおける全体の基本方針及び具体的内容との整合性を図りながら進めていくことが必要である。

これは，今日の多様で複雑な生活問題，また住民のニーズやそれに基づく社会福祉サービスの運営上の課題などに対して，国や自治体における政策形成と実施のレベルで，いかに対応していくかということである。そこには，制度や施策及びそれらに基づくさまざまな福祉サービスの設置・運営に関する予算の確保や適切な配分，管理なども含まれる。

また，さまざまな社会福祉機関や施設が，利用者へのよりよいサービスを提供するという社会的責任を果たすためには，たとえば施設の設備や人員体制，サービス内容や援助内容などの適切な管理・運営，さらに職員間の連携や研修などによるサービスの質や職員の専門性の向上などに向けた取り組みが大切である。

社会福祉法では，社会福祉事業の経営者の責任として，情報の提供，利用申し込みの際の説明や契約時の書面の交付，またサービスの質の向上のための措置や苦情解決に努めることなどが規定されている。そのほか利用者へ質の高いサービスを提供するために，利用者本人や家族による評価，あるいは第３者評価などを取り入れることも重要である。

（2）　ソーシャル・ウェルフェア・アドミニストレーションの研究

ソーシャル・ウェルフェア・アドミニストレーションの研究は，1920年代にイギリスで始まり，福祉国家体制のもとでの社会政策全体の研究へと進展していった。またアメリカでも1960年代の公民権運動や福祉権運動を背景にした社会福祉政策の実施のなかで，さまざまな制度や施策を適切・有効に機能させる技術として位置づけられていった。

今日の日本においては，福祉サービスの利用方式が措置制度から事業者との契約によるものへとなり，また福祉サービスを提供する組織や団体も多様化してきた。そのなかで，個々の機関や施設とそこが提供する福祉サービスから，さまざまな社会福祉関係の制度・施策に至るまで，社会福祉運営管理の技術が活用されていくことが求められている。

4　関連援助技術の概要

その他にも，ソーシャルワークに関連する援助技術として，ケース・マネジメントやネットワーク，カウンセリングやスーパービジョン，コンサルテーションなどがある。

1．ケースマネジメント

ケースマネジメント（case management）は，近年の地域福祉推進の流れのなかで，人々の地域生活を支援する技術として注目されてきた。利用者が必要とするケアサービスを調整・管理するという意味で，**ケアマネジメント**（care management）ともいわれる。

これは，個人や家族の個別のニーズを把握して，そのニーズに対応するさまざまな社会福祉サービス等のフォーマルな社会資源，あるいは近隣住民やボランティアによる支援などのインフォーマルな社会資源の利用につなぐことで，地域における自立生活を支えようとするものである。

日本では，介護保険制度に基づく要介護高齢者の在宅生活支援のために，介護支援専門員（ケアマネージャー）が担うサービスとして位置づけられた。また今日では，障害者自立支援法のもとで，相談支援事業が担う機能としてのケアマネジメント（サービスの支給決定の手続き）のしくみが制度化されている。

2．ネットワーク

ネットワークとは，専門家の援助や公的なサービスとともに家族や近隣の人々，またボランティア活動などのさまざまな支援（ソーシャルサポート）を有効に連動させながら，地域社会における生活支援のネットワークを形成しようとするものである。「**ソーシャル・サポート・ネットワーク**」（social support networks）ともいわれる。

何らかの生活上の困難を抱えながらも必要なサービスや支援の利用に至っていない人々や，独居の高齢者などの地域で孤立しがちな人々を中心とした生活支援ネットワークの形成は，安心して暮らせるための見守りや支援体制づくりのための重要な活動である。

それは言い換えれば，そのような人々を取りまく社会環境を改善するためのはたらきであり，ソーシャルワークのなかでも地域福祉の推進を担うコミュニティワークが果たすべき機能として位置づけることができる。

3．カウンセリング

カウンセリング（counseling）は，利用者との面接を中心として，主に利用者が抱える心理的な問題に焦点を当てて援助を行う活動である。カウンセリングそのものは，ソーシャルワーカー本来の業務ではないとしても，何らかの生活上の困難を抱える利用者に対しては，心理的な側面でのサポートが必要なことも多い。

また，ソーシャルワークのなかでも，特に個人や家族に直接的にかかわる援助活動（ケースワーク）では，利用者との面接を通した問題状況の理解や利用者との信頼関係の形成が，適切な援助活動を進めるためには不可欠であり，そこにはカウンセリングの技術が援用される。

ソーシャルワークにおける利用者との直接的なかかわりをよりよいものにし，ソーシャルワークの展開過程の基盤となる信頼関係と，それに基づく援助関係の形成のためにも，カウンセリングの技術から学ぶことは多い。

4．スーパービジョン

スーパービジョン（supervision）は，ソーシャルワークの実践やそれを担う援助者（ソーシャルワーカー）を支える活動として理解することができる。援助者への助言や指導を行う立場の者を「スーパーバイザー」，助言や指導される側を「スーパーバイジー」という。それは，ソーシャルワークの実践現場を担う援助者を支えるとともに，指導や訓練を通して専門性の維持や向上を図るためのものである。

スーパービジョンの機能としては，①社会福祉施設や機関での職員の業務や勤務状況などを管理する**管理的機能**，②援助者としての力量や専門性向上のためのアドバイスや訓練などによる**教育的機能**，③援助者自身が抱える課題や仕事上の悩みなどを共有し，援助者であることを精神的にも支えていくための**支持的機能**，がある。これらは，**スーパービジョンの３大機能**と呼ばれている。

また，スーパービジョンの形態も，スーパーバイザーとスーパーバイジーの１対１の関係で実施される「個人スーパービジョン」や，複数のスーパーバイジーからなるグループを単位に行われる「グループスーパービジョン」，さらに，仲間や同僚同士で相互に助言などを行う「ピアスーパービジョン」がある。

スーパービジョンは，援助の質を向上させ，利用者へのよりよい援助活動を実践していくとともに，援助者（ソーシャルワーカー）がその専門性や実践力を向上させ，優れた社会福祉専門職として成長するために，必要なものであるといえる。

5．コンサルテーション

コンサルテーション（consultation）とは，ソーシャルワークの実践を進めるうえで，たとえば医師や弁護士などの関連領域の専門家により，専門的な知識に基づいたアドバイスなどを受ける活動を意味する。これは精神科ソーシャルワークの実践のなかで，精神科医や臨床心理士などの専門家からの助言が必要とされるなかで発展してきたという経緯がある。

今日，人々が直面する生活問題が多様化・複雑化するなかで，一つの分野や一人の専門職だけで問題を解決していくことは困難であり，社会福祉専門職（ソーシャルワーカー）が医療や司法，また心理や教育分野などで働く他専門職と連携して，利用者の生活支援を行っていくことがますます必要とされている状況にある。

コンサルテーションにおいては，専門職間の相互の専門性への理解，及び利用者に関する情報や相談内容に関する守秘義務の共有が重要である。さまざまな生活上の困難を抱える利用者に対して効果的な援助活動を実践するために，他領域からの専門的な助言を有効に活用しながらのソーシャルワーク実践が求められている。

5　ソーシャルワークの統合化と生活モデル

1．ソーシャルワークの統合化

19世紀の後半に生まれたソーシャルワークの主要な援助技術であるケースワーク，グループワーク，コミュニティワークは，それぞれ別々に発展してきた経緯があるが，20世紀の中頃からソーシャルワークとしての統合化を図る動きがみられるようになった。

1955年には，**全米ソーシャルワーカー協会**（National Association of Social Workers：NASW）が結成され，従来の専門分野別の各協会が合併して，専門職団体の統合化が図られた。ソーシャルワーカーがその実践を行う分野や領域，また対象によって活用する技術にそれぞれ違いはあるといえども，「ソーシャルワーク」を行う「ソーシャルワーカー」として，共通したアイデンティティを確立していこうとするものであった。

また，3つに分化した方法について，それらの分化した状態が利用者が抱える生活問題を総合的に把握することを妨げているということから，そのような区分を超えて相互に共通するものを抽出し，それらを包括する「ジェネリック・ソーシャルワーク」の理論形成の試みも行われた。

さらに，大学等におけるソーシャルワーク教育のなかでも，ケースワーク，グループワーク，コミュニティワークとして，それまで別々に教育が行われてきたことの見直しがなされるようになった。これは，それら3つの方法や技術を別個のものとして学ぶのではなく，人々の生活を支えるための総体としてのソーシャルワークがあって，クライエントの状況によって，個人への，集団への，そして地域へのソーシャルワークとして個々の方法・技術を使い分けることが必要であるという考えである。

呼び方も，従来のケースワーク，グループワーク，コミュニティワークから，それぞれ「Social Work with Individuals」，「Social Work with Groups」，「Social Work with Communities」と言われるようになった。

このような統合化の動きは，従来のケースワーク，グループワーク，コミュニティワークをソーシャルワークの援助技術のレパートリーとして位置づけ，人々が直面するさまざまな生活問題への理解から問題解決の過程を導くという，ソーシャルワークの全体像を描こうとするものである。そしてそれは，ソーシャルワークが求められる分野や領域の拡大，また必要とされる援助理論や技術の多様化のなかで，ソーシャルワークの幅の広さ，多様性や柔軟性を包括する理論と実践のかたちを構築しようとするものであるといえる。

2．ソーシャルワークの共通基盤と生活モデルの登場

このようなソーシャルワークの統合化の動きのなかで，重要な貢献をしたのが，**バートレット**（Bartlett，H. M.）であった。彼女は，個人や集団，地域へのかかわりと実践の形態は多様であっても，ソーシャルワークの実践やその援助技術として共通する基盤があるとして，それを明らかにした。

バートレットは，1970年に出版した『ソーシャルワーク実践の共通基盤（*Common Base of Social Work Practice*）』のなかで，①ソーシャルワークの中心的な焦点としての「人々の社会生活機能への視点」，②第一義的な関心である「何らかの状況に巻き込まれている人々」，③ソーシャルワーク実践を構成する3つの要素としての「価値の体系」・「知識の体系」・「人と環境と相互作用への多様な介入方法」を挙げて，それらをソーシャルワーク実践の共通基盤とした。

さらに，ソーシャルワークが，その独自な機能として人と環境との相互作用への視点とはたらきかけを重視するという認識が深まるなかで，システム論や生態学（エコロジー）に基づくソーシャルワークのあり方が開発されていく。

そのようななかで，ソーシャルワークにおける援助の考え方として，問題を引き起こす原因を突き止めて治療を施すといった「医学モデル」から，個人と環境そして両者の相互関係のあり方をとらえることで，人間の生活や問題状況を全体的に理解することを中心に援助を展開しようとする「**生活モデル（ライフモデル）**」の考え方が重視されるようになった。

特に，生態学を基盤としたソーシャルワーク論を展開して，1980年に生活モデルとその生態学的アプローチを提唱したジャーメイン（Germain，C. B.）とギッターマン（Gtterman，A.）は，人と環境との交互作用（transaction）に焦点を当てて両者の調和をめざすソーシャルワーク論を展開した。

このような，クライエントが環境に適応していく力や，環境に影響を与えていく力を強めるようなはたらきかけ，また環境へのはたらきかけによるクライエントと環境との調和により，その主体的な生活を支援するという生活モデルによるソーシャルワークの実践と思考は，その後のソーシャルワークの方法や

技術の開発に大きな影響を与え続けている。

3．利用者（クライエント）の生活状況を出発点として

ソーシャルワークは，人々が直面するさまざまな生活上の困難を対象とし，しかも個人や家族によって個々に異なる困難状況への理解を基盤にして，生活全体への総合的な支援を目的とする。それゆえに，その対象や実践形態，また援助方法・技術も幅広く多様性に富む。

しかし，ソーシャルワークの実践において大切なことは，個人と個人を取りまく環境，及びその両者の相互作用への視点をもち続けることである。そして，あくまでも何らかの援助を必要とする人（クライエント）や，サービスの利用者の現実の生活状況を出発点にして，その状況にふさわしい援助のあり方を見出し，多様な援助技術を柔軟に活用して実践を展開していくということである。

今日，人々が直面する生活問題の多様化や複雑化のなかで，それに伴ってソーシャルワークが求められる分野や領域が拡大している。そして，そのような状況に対応できるソーシャルワークの多様な実践方法や技術が求められている。個人と環境との両方への視点をもち，その相互作用の把握から人間の現実の生活実態を理解し，その安定した生活の維持や再建に向けての援助を行う専門的な活動として，ソーシャルワークの方法や援助過程のあり方が洗練され続けている。

ソーシャルワークにおけるさまざまな援助技術は，実践の単なるマニュアルではない。また，ソーシャルワークは，何らかの援助技術にクライエントやサービス利用者を当てはめて，援助者が一方的に特定の方向に導いていくことではない。クライエントやサービス利用者の思いやその状況に寄り添いながら，それらの人々の立場に立った援助のあり方を尽きることなく探求し，創造していくことが求められるのである。

トピックス3：保育士とジェネリック・ソーシャルワーク

1923年にアメリカ・ペンシルバニア州ミルフォード市で開催された「ミルフォード会議」では，多様な分野におけるケースワークのあり方についての検討が行われた。ケースワークは，それぞれの分野で専門分化していくもの（スペシフィック）か，それとも分野を超えて共通する方法や技術をもつもの（ジェネリック）か。その議論のなかで，その実践の分野や領域は多様であっても，ケースワークとして共通する方法や技術を有することが確認された。

この影響を受け，ケースワークやグループワーク，コミュニティワークに共通する要素について，ジェネリック・ソーシャルワークと呼ばれるようになった。

ソーシャルワークは，生活全体の理解とそのための個人を取りまく環境への視点を重視するところに特徴がある。保育士の仕事が，子どもの成長・発達を支えるはたらきであるならば，その子どもを取りまく環境への視点が欠かせない。その環境とは，家庭や地域，またさまざまな保育現場を意味する。

「保育」という言葉は，子どもが安心して「育」つことができる場所や環境を「保」つという意味でも理解することができる。その意味で保育士の仕事は，子どもだけを見るのではなく，その子どもを取りまく環境へも視点を据えて，それが子どもの健やかな成長や発達を阻害するような環境であれば，改善に向けたはたらきかけをも行っていくことになる。

また，この環境への視点は，子どもの成長や発達を考えるときの「できる」あるいは「できない」というような能力への見方を変化させる。つまり，子どもの能力について，それが子ども個人のなかにあるものとしてとらえるのではなく，周囲の環境との関係でとらえていくという考え方である。「できない」のは，その子どもにだけ要因があるのではなく，「できなくさせている」環境があるということ，一人ひとりの子どもの能力は，それが導かれ，認められる環境との関係のなかで発揮されるという考え方である。

このように，ソーシャルワークに共通する視点や考え方は，子どもへのかかわりも含めて，子どもが育つ環境をいかに豊かにするかという観点から，保育士の仕事にも多くの示唆を与えると考える。（空閑浩人）

演習問題

A．ケースワーク，グループワーク，コミュニティワークのそれぞれの違いや特徴を挙げてみよう。

B．さまざまな保育の場面を挙げて，それぞれの場面でソーシャルワークの技術がどのように活用できるかについてまとめてみよう。

C．ソーシャルワークの役割としての「生活支援」の概念と「保育」の概念とを関連づけて，保育士が担うソーシャルワークの実践についてまとめてみよう。

4章 保育場面における個別援助技術

本章では，社会福祉援助技術のうち，最も早くに体系化された個別援助技術（ソーシャル・ケースワーク）について学習する。

保育士はソーシャルワーカーではないが，社会福祉専門職の一つとして，子どもの発達支援だけではなく，子どもの生活全般にも視野を広げ，それをケースとして理解していくための基礎知識を得ていなければならない。このものの見方を徹底するため，ケースをどのようにとらえ，またどのように援助をすべきかをまとめた諸理論を学ぶ。

そして，個別援助技術が成立するための構成要素や展開過程について学習し，最後に保育指導等でも活用できる面接及び記録の基礎知識の獲得をめざす。

1 個別援助技術とは何か

1．個別援助技術理論の歴史

個別援助技術（ソーシャル・ケースワーク）が体系的に実践方法論として確立されて以来，その歴史は100年を超える。ここでは，**リッチモンド**（Richmond, M. E.）に始まる個別援助技術の理論化の歴史を簡単にたどることで，その多様性とエッセンスについて考える機会としたい（図・表４－１）。

（1） 個別援助技術の起源

個別援助技術は，社会福祉援助技術のなかでも最も早く体系化された実践方法である。その体系化においては，リッチモンドが大きな役割を果たした。

図・表4－1　個別援助技術理論の発展

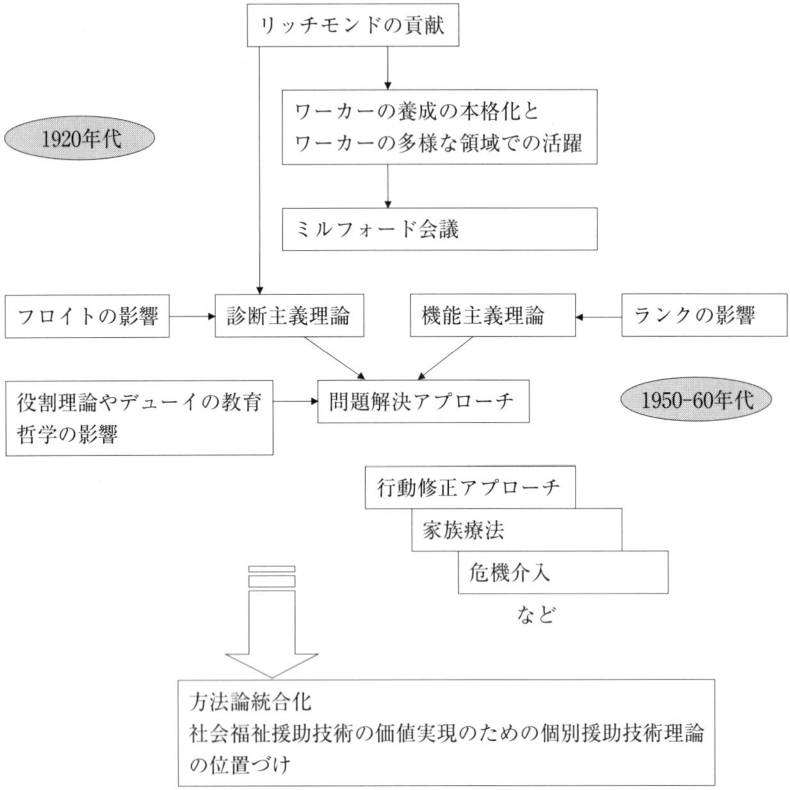

リッチモンドは，27歳のとき，アメリカ合衆国・ボルチモアの慈善組織協会のメンバーとなり，社会福祉の道を歩みはじめた。当時，慈善組織協会では，友愛訪問員と称する援助スタッフにケースを担当させながら，個別的な調査と援助を展開していたが，リッチモンドがそこで発見したものは，友愛訪問員が用いていた援助理念・方法が不統一であったこと，そして，期待される成果を必ずしも上げられていないことであった。

その後，ボルチモア慈善組織協会のリーダーとなったリッチモンドは，優れた友愛訪問員のケース記録を積みあげ，その分析を行うようになった。そして，その成果を，『貧しい人々への友愛訪問』（1899年），『社会診断論』（1917年），

『ソーシャル・ケース・ワークとは何か』(1922年) としてまとめ，個別援助技術の方法論を確立した。

これら一連の著書のなかには，実にさまざまな知見が盛りこまれている。その一つに，それまで支配的だった「貧困は個人の道徳的欠陥から生じる」という見方に疑義を唱えたということがある。リッチモンドは，ケースにかかわっていくうえで，2つの極（貧困をもたらす個人的要因と社会的要因）の間の相互作用をとらえ，貧困問題に取り組むべきだとした。

ここにおいて，ケースに相対するワーカーが，貧困問題の個人的な側面だけではなく，社会的な側面にも視野を広げた実践をするように促す方法論が誕生することとなった。

ただし，リッチモンド（Richmond，1922）は，「人間と社会環境との間を個別に，意識的に調整することを通してパーソナリティを発達させる諸過程から成り立っている」と，個別援助技術を定義した。そのことで，パーソナリティ（人格）という「人」にみられる要素を個別援助技術の焦点にあてるとともに，その変化は，「社会調査―社会診断―社会治療」という一連のプロセスのなかで生じるものだとした。

このプロセスには，ケースに応じた社会資源の活用や調整は含まれていても，社会改良のための方法論（間接援助）を含みこむものではなかった。すなわち，リッチモンドは，ケースに影響する社会的な側面に気づきつつも，方法論においては，個別援助を間接援助から分離し，体系化を図ったのであった。

(2)　個別援助技術の開花と整理

リッチモンドの登場以降，全米各地でソーシャルワーカーのトレーニングが行われるようになり，実践の場も，社会福祉の増進を目的とする場をはじめとして，医療，教育，司法など，多様な領域へと広がりをみせるようになった。ソーシャルワーカーの全国組織が設立され，ソーシャルワーカー養成を担う学校が連盟を形成したのも，リッチモンドが活躍していた時代の出来事であった。

しかし，実践が広がりをみせる一方，「個別援助技術とは何か」ということがあいまいになりがちであったことも事実であった。そのため，個別援助技術にかかる6つの全国組織の役員がペンシルヴェニア州ミルフォードに集まり，

図･表4－2　個別援助技術のジェネリックな要素

1．	社会生活で受け入れられている基準からの典型的な逸脱についての知識。
2．	人間としての生活の規範と，人間としてのかかわりの規範の使用。
3．	困窮にある人間を個別化するための基礎としての社会生活歴の重要性。
4．	困窮にある人間の研究と治療についての確立された諸技法。
5．	社会的治療における，確立された地域社会資源の使用。
6．	個別援助技術のニーズに対する科学的知識の適用と，経験の体系化。
7．	個別援助技術の目的，倫理，責務を決定する哲学の自覚。
8．	上述の事柄の社会的治療への融合。

（出典：全米ソーシャルワーカー協会　竹内一夫・清水隆則・小田兼三訳『ソーシャル・ケースワーク：ジェネリックとスペシフィック―ミルフォード会議―』相川書房，1993年，p.22の記述内容より作成／National Association of Social Workers 1974 *Social Case Work*. National Association of Social Workers Inc.）

領域横断的にジェネリック（一般的）な要素を特定しようとした。その結果，個別援助技術が，図･表4－2に示した8項目の要素を含むものであることが確認された。

（3）　診断主義理論

リッチモンド以降，実践が広まるとともに，個別援助技術理論も多様に体系化されていった。とくに，**ハミルトン**（Hamilton, G.）が『ソーシャル・ケース・ワークの理論と実践』（1940年）をまとめたことを見逃すことはできない。

ハミルトンは，リッチモンドの考え方を引きつぎ，個別援助技術におけるケースを「社会的な出来事」としてとらえるべきだと述べ，個別援助技術の過程も心理社会的なもの，すなわち人と社会環境との相互作用を考慮したものでなければならないと主張した。

また，心理社会的という概念を提起したことに加え，ハミルトンは，援助関係論で大きな成果を残したと評価されている。具体的には，心理社会的過程において，意識的にワーカーと利用者との援助関係を使用すべきであると主張するとともに，その援助関係の構築において，フロイト（Freud, G.）の**自我心理学**の知見を導入し，診断と治療を進める方法を提示したのであった。

自我心理学においては，パーソナリティについて，イド（原我），エゴ（自我），スーパーエゴ（超自我）の3層構造をなすものと考え，その構造の下で人間の行動が規定されていると主張する。

原我とは，人間が生まれもっている欲望（「～したい」「～がほしい」）をつかさどるものであり，超自我は，幼少期の子育て過程のなかで形成される理想や良心（「～してはいけない」「～すべきである」）をつかさどっている。そして，自我とは，その両者の間にあって，原我と超自我との間で生じる矛盾を調整し，自らの外界にある現実に自己が調和するようにする，いわば現実検討機能と適応機能を担っていると考える。

そして，精神的な問題とは，この自我機能が失調している，あるいは損傷を受けているために発生すると考えられた。この自我の治療こそ，ハミルトンがフロイトの理論から学び，個別援助技術の援助関係論にいかしたものであった。

ハミルトンは，先述した著書のなかでケース検討を行いながら，援助関係における利用者の反応を自我の防衛機制として理解し，また，自我の調整機能を刺激すべく，非審判的で受容的な援助関係のなかで，現実検討や生育歴への洞察を深めていく援助を展開したことを，その著書において報告している。

ここにおいて，個別援助技術理論は，心理社会的という概念は残しつつも，実際には自我心理学に基づく手法に大きくその身をゆだねる傾向をあらわにしたのであった。そして，ハミルトンと同様の理論は，診断主義理論として，個別援助技術の伝統的理論として確固たる地位を確保するようになり，のちにホリス（Hollis, F.）による『ケースワーク：心理社会療法』（1964年）により，さらなる発展を遂げた。

（4）　機能主義理論

北島（2008）は，ハミルトンの個別援助技術理論を，自我心理学の導入とあわせて，非審判的態度や受容といった機能主義理論に分派していく源流となったものとして評価している。機能主義理論とは，心理学者のランク（Rank, O.）の理論を基盤とする，個別援助技術理論である。

ランクはまず，人間は分離不安をもっていると考えた。その最初の体験が，居心地のよい胎内から自らの意志に反して誕生させられる出産である。この体験はとても大きなものであり，人の心に大きな傷を残すが（出産外傷という），そこで生じた不安に振り回されないで生きていく力が人間にはある。ランクは，この事実から，人間にはもともと創造的な力があるがゆえに，分離を甘受して，自力で自分の生き方をつくっていけるのだと考えた。

この考え方を受け，タフト（Taft, J.）やロビンソン（Robinson, V. P.）は，人間が本来もっている意志の力によって，人は自分自身で問題を解決していけるという仮説をたてた。そこから，ワーカーの仕事は，やがて分離を迎える限られた時間を意識しながら，利用者との好ましい関係（換言すれば，利用者の意志がはたらくような，自由な場と機会の提供）を発展させ，そのなかで，本来利用者がもっている力を発揮できるようにすることで，ワーカーを含めた機関の機能を利用者自ら活用できるようにすることであるとした。

ランクの考え方は機能主義理論に影響しただけではなく，個別援助技術の原則で述べるバイステック（Biestek, F. P.）の援助関係論や，カウンセリングの大家であるロジャーズ（Rogers, C.）の来談者中心療法に色濃く反映していくとされる。

（5）「ケースワークは死んだ」

既述のように，個別援助技術理論は，診断主義と機能主義という二大潮流を形成しつつも，ときに「小さな精神分析家」とまでやゆされるほど，その学問的基盤の固有性を希薄化させていった。

個別援助技術理論が発展したアメリカ合衆国では，1960年代に入って市民権運動が盛んになると，こうした社会へのまなざしを忘れた個別援助技術のあり方が痛烈に批判されるようになった。なかでも，**パールマン**（Perlman, H. H.）は，「ケースワークは死んだ」（1967年）という論稿を発表し，個別援助技術の世界に大きな衝撃を与えた。

ただし，パールマンの論稿の主旨は，個別援助技術の本来的なあり方を取り戻そうというメッセージを含むものであった。パールマン自身は，『ソーシャル・ケースワーク：問題解決プロセス』（1957年）において，人生を問題解決の過程であるととらえるところから，個別援助技術の理論化を図った。

この考え方は，問題を抱えることを病理とみなす個人還元的な見方を排し，問題解決を人生における自然な事象であるとするものであった。そして，人はどのように問題解決を図るのかと考えたとき，次の３つの理論的基盤から考えることができるとされた。

① 教育学者デューイ（Dewey, J.）による「学習は問題解決の過程である」という考え方

② 生まれたときから自律的に機能する自我に関する理解

③ 人間が自らのパーソナリティを表出させる役割の遂行にかかる理解

なお，パールマンは，自我に注目したものの，それは決して利用者の過去に注目するものではなかった。むしろ，なぜ「今」自我が機能せず，その人に与えられた役割の実行ができないのかに注目し，自我の緊張状態を解きほぐし，自我のもつ力が発揮されることを重視した。そのため，パールマンの個別援助技術理論では，役割遂行に対する利用者の動機づけや問題解決の能力，そして問題解決を図る機会を診断していくことが強調されている。

（6） 多様なアプローチの誕生

問題解決アプローチが誕生したころ，ほかの理論家たちも，個別援助技術に対する当時の批判に応えようと，新たな理論開発を行っていた。ロバーツとニー（Roberts, R. W. and Nee, R. H.）が編集した『ソーシャル・ケースワークの理論』（1970年）では，その当時，代表的であった7つの方法論が紹介されている。

それらは，「心理社会的アプローチ」や「機能主義アプローチ」，「問題解決アプローチ」のほか，「行動修正アプローチ」，「家族療法」，「危機介入」，「成人の社会化」であった。このうち，わが国でもよく知られている，行動修正アプローチ，家族療法，危機介入という3つのアプローチの基本的な考え方を簡単に紹介しよう。

■行動修正アプローチ

このアプローチは，精神分析学や自我心理学に基づく診断主義アプローチがあまりにも長期にわたる治療期間を必要とし，なおかつその効果がわかりにくいと批判し，具体的な行動を増大させたり減少させたりするという明確な目的のために，行動のしくみを明らかにした**行動理論**をベースに発展したものである。

行動理論の考え方は，現在とられている行動は，それに直接的な影響を及ぼ

す環境があるからだと考える。単純な例でいえば，子どもが万引きという行動をとるのは，保護者がちゃんとご飯をたべさせないという養育環境があるからだといったように，行動が生起することに具体的に関係している環境をみるわけである。

このように考えると，好ましい行動を生起させる環境を強め，好ましくない行動を生起させる環境を消去していけば，問題は解決していくことになる。近年では，環境や自分の行動をどのように受け止めるかという認知に関する理論も取り入れ，認知行動アプローチとして発展している。

■家族療法

家族療法とひと口にいっても，実に多様なアプローチが生み出されている。ただ，その発展において，**システム理論**から大きな影響を受けたことは間違いない。

システム理論では，家族の間で問題となっていることが，家族システムによって維持されているものと見なす。つまり，システム理論においては，出来事Aが出来事Bに影響を与え続けるという一方的・直線的な因果関係論は採用せず，出来事Bがさらに出来事B'となり，B'が出来事A'を生じさせるという円環的な因果関係があると仮定することになる。

たとえば，いつも子どもの機嫌が悪いことが問題になっているとしよう。家族システム理論では，子どものイライラは，母親がイライラして子どもに必要以上に怒っていることと関係していることを発見するだろう。しかし，その後，子どもがイライラしてますます機嫌が悪くなり，それを受けて母親がますますイライラし，父親に頼ろうとするが，父親は話も聞いてくれず，母親のイライラは募るばかりという流れも発見することだろう。とすると，子どものイライラの原因はどれか一つに特定できるものではなくなってくる。

システム理論に基づく家族療法は，こうした考え方で問題の発生・維持について理解し，そこに変化を与えるために，夫婦連合を強化したり，家族のコミュニケーション・パターンを変えるべく，問題とされていることに肯定的意味づけを与えたりするなど，数多くの技法を駆使して介入を展開するものである。

■危機介入

とくに生活していくためのしくみが複雑化した社会では，災害や事件などが突発的に起きたとき，また，出産や育児など，ライフステージでこなすべき課題と直面したとき，自らの力だけでその状況に対処することは難しくなり，危機的な状況をつくり出してしまう。こうした危機に関する関心が高まるなか，1960年代後半のアメリカ合衆国で，**危機理論**と危機介入の方法が発達した。

危機理論によれば，危機状況によって感情的混乱が起きたとき，人はそのバランスを取り戻そうと，その出来事及び対処に必要な個人的，社会的資源の評価を行う。そうしたバランスを取り戻そうとするとき，人は心理的にも生理的にも脆弱な状態に置かれ，そのようなときの介入には従順に従うものとされる。

危機介入においては，可能な限り早急に積極的に援助が提供される。介入は短期であり，危機を乗り越えるための実際的な情報や具体的なサポートが提供される。危機に伴う感情や症状，心配の表出も奨励され，自ら対処できるという有能感を高めるよう支援される。

（7）　方法論統合化の時代

やがて，方法論が実践を規定する時代は終わり，社会福祉援助技術の価値がベースとされ，その価値の実現のために各種理論及びそれに基づく実践が展開されるようになった。いわゆる方法論の統合化の動きである。

この動向のなかで，個別援助技術という用語は，少なくとも北米においてはあまり見かけない用語となっていく。代わりに，サービスを必要とするシステムが，個人であれ，家族，集団，地域であれ，どのようなものであっても共通して適用できる理論モデルと実践方法論が好まれるようになった。

たとえば，**エコロジカル・アプローチ**は，生態学のメタファーを用いて人間の生活を捕捉し，個別のケースへの援助を含め，ソーシャルワーカーによる実践の基本的枠組みを形成している。

ただ，誤解のないようにいえば，今の時代にあっても，個別援助技術理論の成果が消滅してしまったわけではない。北米では，実証性ある実践が強く求められるようになった結果，とくに行動修正アプローチの系譜にある実践が盛んに行われるようになっている。危機介入も，レイプや災害などの際に使用される基本的なアプローチとして息づいている。自我心理学に基づくものも，社会福祉援助技術論の表舞台からは消えていったが，着実にソーシャルワーカーの行うセラピーの拠り所として活用されている。

すなわち，とくに1対1の対人関係において，利用者の力量を高めたり，ストレスを軽減したりすることで，エコロジカルな相互作用が効果的になるような援助が展開されているのである。

2．個別援助技術の構成要素

個別援助技術は，ある一定の構成要素のもとで成り立っている（図・表4-3）。このことについて探究したのが，問題解決アプローチの提唱者・パールマンである。その主張はわが国の個別援助技術論に大きな影響を及ぼし続けている。ちなみに，以下に挙げる4項目は，その原語の頭文字をとって，「4つのP」と呼ばれている。

（1） 人（person）

利用者のことで，クライエントと呼ぶこともある。パールマンによれば，人は役割ネットワークの一部であり，常に外界に対して開かれている。そして，精神内界における葛藤とは関係なく，自我によって自己を拡大しようとし，何かをするうえでの積極的な引き金となって自分の能力を活用しようとする。また，自由に自分の能力を吟味し，報いる経験に喜びを求めようとすることのできる存在である。

ここから，個別援助技術において，人とは，社会関係のなかで変化していく過程にある存在と見なされる。また，問題解決アプローチのところで述べたように，「援助を受けながら問題解決を進めようとする存在」として人をとらえることが大切である。

（2） 問題（problem）

個別援助技術が必要とされる前提として，解決すべき問題がなければならない。その問題は，別に根本的・本質的なものでなくても構わない。パールマン（Perlman，1970）は，「何らかの理由で，混乱し，傷つき，援助を求めている人の現在の生活状況とその人がそこから脱け出したいと望んでいるものこそが

図・表4－3　個別援助技術の構成要素

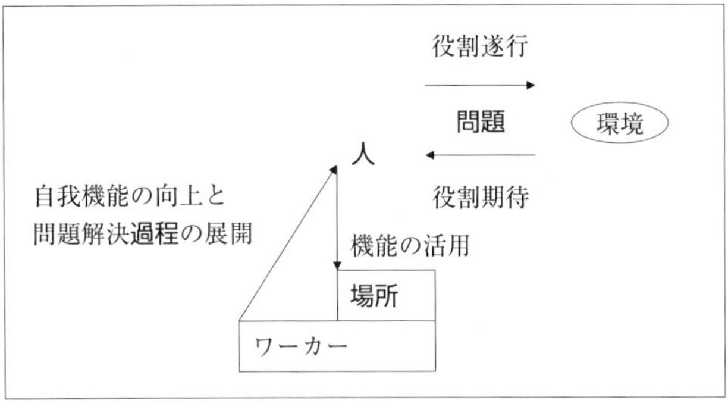

問題」であると述べている。

また，問題とは，その人の精神内界に存在するのではなく，人が社会環境と相互作用し，そのなかで期待される役割を実行する際に発生し，また将来的には何か新しい問題の原因となるものである。よって，問題が，人と社会環境とが具体的にどのような相互作用をすることで構成されているのかを把握することが，個別援助技術の展開においては欠かせない。

加えて，問題は，部分化され，具体的に焦点化されるものとしなければならない。具体的には，利用者が複雑な問題を抱えている場合には，解決すべき問題を選択し，あるいは抽象的で大きな問題を抱えている場合には，より具体的に問題について述べていく作業が必要となる。

（3）　場所（place）

援助者が雇用されている機関・施設を指している。機関の性格は，社会福祉援助技術の具体的なあり方に大きく影響する。利用する地域の社会資源も変わってくるし，具体的に行使できる権限も変わってくる。

たとえば，福祉事務所の生活保護担当になれば，生活保護の適否判断や経済的困窮者・家族の自立支援が仕事になる。そして，仮に担当したある家庭で子ども虐待が行われていたとしても，虐待状況に介入することは生活保護担当の機能を超えているため，当該市町村で子ども家庭福祉の一義的相談窓口に通告することになる。そして，そこで安全確認をしてもらい，「比較的軽度なケースなので，市町村で担当しよう」ということになれば市町村が継続的にかかわりをもつし，「職権保護が必要になるかもしれない」ということであれば，児童相談所にケースの送致を行うことになる。

(4) 過程（process）

過程は，パールマンが最も強調した概念の一つである。問題解決アプローチのところで述べたように，パールマンは，問題を抱えることを病理として見なしていない。むしろ，人生は問題解決の過程そのものであると考えている。個別援助技術が活用される場面においては，利用者は，ワーカーの援助を受け，自分の問題解決能力を高めたり，問題解決に必要な資源を獲得したりすることで，問題解決を図る過程を進むのである。

その問題解決とは，パールマンの考えでは，自我機能が発揮されることである。自我機能がはたらくことにより，外界との相互作用のなかで，現実的な問題解決が図られる。しかし，援助を受ける利用者は，往々にして，この自我機能が損傷を受けていたり，弱まっていたりする。そこで，ワーカーは，自我機能が安定して発揮されるために必要な援助を提供し，さらに自我機能が強化されるように，利用者が問題解決に主体的に取り組めるように援助を展開していかなければならない。

2 個別援助技術の原理・原則

個別援助技術は，社会福祉援助技術の共通基盤のうえに成り立つものであるから，人権と社会正義を実践原理とすることが欠かせない。また，倫理綱領に示されていることは，ワーカーが守らなければならない規範を示していると同時に，社会福祉援助技術が利他的に機能するために必要な実践原則ともなっている。そのなかには，受容や自己決定など，個別援助技術論のなかで探究されてきた概念も含まれている。

2章では，ソーシャルワークにおける援助関係を構築するために必要な7原則が示されているが，ここでは，利用者の欲求と対応して原則を特定し（図・

図・表4－4　利用者の欲求と個別援助技術の原則

利用者の欲求	原則の名称
1　個人として迎えられたい	個別化の原則
2　感情を表現し，解放したい	意図的な感情表出の原則
3　共感的な反応を得たい	統制された情緒的関与の原則
4　価値ある人として扱ってほしい	受容の原則
5　一方的に非難されたくない	非審判的態度の原則
6　自分で選択し，決定したい	自己決定の原則
7　自分の秘密をきちんと守りたい	秘密保持の原則

（出典：バイステック，F. P.　尾崎新・福田俊子・原田和幸訳『ケースワークの原則［新訳版］―援助関係を形成する技法』誠信書房，1996年，p.27掲載表を修正／Biestek，F. P. 1957 *The Casework Relationship*. Loyola University Press）

表4－4），ケースワークにおける「**バイステックの7原則**」といわれているものを紹介する。

1．個別化の原則

たとえば，ある不登校の子どもとかかわったときに，強引に学校へ引っ張っていったら，翌日からケロッとして元気に登校するようになったという経験をあなたがしたとしよう。そこからあなたが，「不登校の子どもには登校刺激を与えることが原則だ」と判断するようになったら，必ずいつか失敗することになる。

ひと口に不登校といっても，子ども一人ひとりのニーズは異なっている。学校でいじめを受けて，最後の手段として登校を文字通り拒否している子どももいれば，何となくエネルギーが不足気味で自室に閉じこもることで安心感を得ようとする子どももいる。そうした子どもたちに，あなたが最初に試みたような登校刺激を与えたら，かえって引きこもったり，「だれも自分のことなんか理解してくれない」と，周囲に対する不信感を募らせたりすることにもなりかねない。

ちょっと聞きかじった程度の話や自分の乏しい経験だけで判断するのではなく，「この利用者はいったい今，どういう気持ちでいるのだろう」「なぜこういう行動をとらなければならないのだろう」ということを，目の前にいる利用者を通して（ほかの人から個別化して）理解する姿勢が基本になければならない。

2．意図的な感情表出の原則／統制された情緒的関与の原則

第2，第3原則については，相互に深く関連する考え方であるため，一緒に解説する。

たとえば，教師や友だちから，「お前は何をやってもダメだな」と，侮蔑的なことばを投げつけられたとする。そうすると，悔しさや虚しさを感じて萎縮したり，情けない自分を打ち消そうとして周りの人に対して威圧的な態度に出たりすることがある。冷静に，「自分はどういう対応をしたらいいのか」という思考をはたらかせるよりも，わきあがってくる感情で頭がいっぱいになってしまい，「どうしたらいいかわからない」，あるいは「ムカつく」状態に陥ってしまうのである。

この感情を何とかしないと，状況を打開する具体的行動へなかなか踏み出すことはできない。そのため，カタルシス（心理的緊張の開放）が促され，利用者が援助関係のなかで安らぎを得られるように援助することが求められる。これを「意図的な感情表出の原則」といい，利用者が自己の感情を自由に表現できるように，援助者が意図的にはたらきかけることを意味している。

また，これを実現するためには，ワーカーが自分の個人的な価値に基づく反応を制御し，利用者のこころの状態に合わせて共感的にかかわっていくことが求められる。これを「統制された情緒的関与の原則」といい，利用者の感情的な側面に援助者の感性をはたらかせ，感情の意味を理解し，それにワーカーが意図的に適切な反応をすることを意味している。

3．受容の原則／非審判的態度の原則

第4，第5原則についても，相互に深く関連するものであるため，一緒に説明する。

たとえば，自分の子どもが不登校状態にあることに悩んでいる保護者が，とにかく学校に行ってほしいと言っているとする。しかし，個別化の原則のとこ

ろで述べたように，むりやりに学校へ連れて行こうとした結果，子どもがひどく傷つく場合がある。そこで単純に，「子どもには子どもなりの理由があるのですよ」と保護者に言ったらどうだろうか。「あぁ，そうなんですか」と言って，すんなり納得する保護者もいるかもしれないが，子どものためによかれと思っている自分を否定されたことで，怒りの感情や無力感をもつ場合も予想される。

こうしたリスクをなくすために，たとえ賛成できないようなことを利用者がしても，援助者は道徳的観念や自己の価値観から利用者を非難することなく（非審判的態度の原則），「そうせざるをえない気持ち」（この場合，子どもの将来が心配で，何とかしたいという気持ち）が先立ってしまうことなどを受け止めていく準備，すなわち，現実にあるがままの利用者を把握していくことが援助者には必要である（受容の原則）。

この原則をふまえないで，「子どもといい関係をつくってほしい」といくら言っても，利用者であるお母さんがそうした努力を拒否する可能性が強くなる。

4．自己決定の原則

単純に，着るものも食べるものも，あるいは就職先も親や教師のいいなりにしかなれないという場面を想像してみてほしい。相当のストレスがあるはずである。人はだれしも，自分で考え，自分で納得できる決定をくだしたいという欲求をもっている。援助者は，援助関係において，この欲求を最大限に尊重することが欠かせない。

ただし，注意したいのは，自己決定を大切にするということは，利用者の言いなりになるということではない。たとえば，お金を使いこんでしまう性癖のある利用者に，「自分のことは自分で決めたいでしょうから，お金の使い方も自分で考えなさい」と告げ，案の定，利用者がお金を使いこんでしまったときに，「あなたが自分で決めたんだからね」と言って，利用者に起きたことの責任を押しつけるような態度をとることを認めるものではない。自己決定は，援助者が一切の意見を言わないようにすることを意味しているのではない。

こうした誤解を避けるために，「援助のあらゆる段階でなされる決定に利用者が参加できるように，決定に必要な情報を共有しつつ，援助すること」と理解しておいたほうがよい。

5．秘密保持の原則

一般的な人間関係でも，特別なことを話すときには，相手に話の内容をだれにも漏らさないように期待する。相手がだれかにその話をしているのがわかったら，「裏切られた」という気持ちになるだろう。援助関係でも同じことがいえる。利用者が安心していられる関係を保持するためには，秘密を守ることが大切なのである。

3　個別援助技術の展開過程

すでに述べたように，個別援助技術の理論的発達過程のなかで，その展開過程の定式化は，リッチモンドなどにより，さまざまに試みられてきた。現在では，以下のような５つのステップを通して展開されるものであると考えられている（図･表４−５）。

1．開始期

利用者と出会う段階で，行政機関では**インテーク**（受理）という用語を使用することも多い。援助者が所属する機関・施設の説明や信頼関係の樹立，緊急性の判断，利用者や問題についての予備的な把握，そして他機関の紹介などが含まれる。

なお，近年では，利用者からの申請を「受理」するという受身的なニュアンスを好まず，**エンゲージメント**（ニーズのあるところへかかわっていく意）と呼ぶこともある。

2．アセスメント

開始期に続く段階で，事前評価と訳される。面接をさらに深め，なぜ問題が

図・表4－5　個別援助技術の展開過程

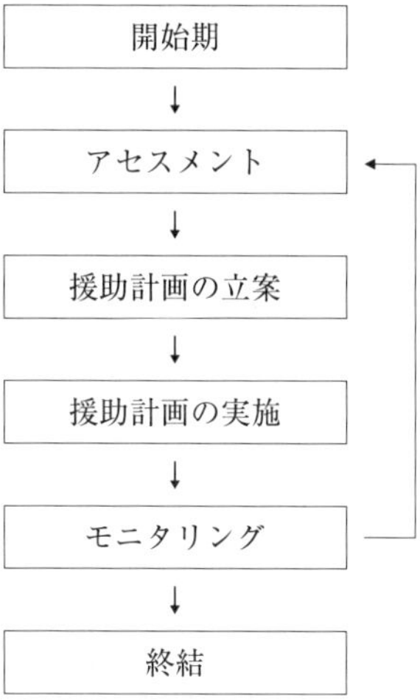

発生し，維持されているのか，どのような対処をしてきたか，利用可能な社会資源はあるかなど，情報を収集し，問題解決に向けて総合的な分析を進めることになる。近年，話題にのぼることの多い子ども虐待への対応では，リスクアセスメント，家族再統合のためのアセスメントなど，援助段階に応じたアセスメント・ツールが開発されつつある。

3．援助計画の立案

アセスメントに基づき立てられる援助計画の立案過程である。さまざまな活動範囲で，必要となる援助計画を立案することになる。援助計画は援助者のアセスメントのみに基づくのではなく，利用者の意見や希望等を取り入れ，合意に基づいて決定されることが理想的である。したがって，インテークから築いてきた信頼関係ができていればいるほど，この段階はスムーズに進められる。

4．援助計画の実施

援助計画の実施段階である。問題を維持している社会関係に変化を起こすために，さまざまな技術が用いられる。意図的に，子どもにある特定の役割をもたせて保育所における所属感や自己有用感を高めることも，この段階に対応するものである。また保護者に児童相談所を紹介し，必要なカウンセリングを受ける機会を確保するというのも援助計画の実施例として考えられるものである。

大切なのは，こういった一般的に行われている活動が，専門的なアセスメントと援助計画の立案に基づいているということである。

なお，近年の傾向としては，多専門職との協力体制（ネットワーク）に基づき，利用者にとって最適な援助を実行することが好まれる傾向にある。

5．モニタリングと終結

モニタリングは，援助計画の進行状況を監視することである。援助が効果をあげなかったり，モニタリングをしているうちに状況が変わったりしたら，アセスメントに戻り，援助計画の再検討をすることになる。実際の援助の多くは，こうしたアセスメントからエバリュエーション（事後評価）の繰り返しのなかで展開され，当初の援助目標の達成（終結）へと向かっていく。

4　個別援助技術の具体的手法

ここでは，個別援助技術を進めるうえで必要とされる面接と記録について解説する。

1．面接

(1)　面接の目的

いうまでもなく，個別援助技術は対人援助の方法である。そこには，ワーカーと利用者とのかかわりがある。そのかかわりは，単に楽しみや娯楽の追求を目的としたものではなく，ワーカーが利用者とその生活状況を理解し，利用者とともに問題解決の道筋をつけていくことにある。

利用者とその生活状況を理解するためには，会ってみることがいちばん手っ取り早い。できれば，何に困っているのか，利用者自らの言葉で語られる機会があれば最もよい。だからこそ，面接が必要なのであり，しかも効果的面接について，知って，できるようにしておくことが大事なのである。

(2)　自己理解の重要性

あなたには趣味・好みがあるだろう。また，人として守るべきだと考えていることがあるだろう。そして，あなたは，自分の好みや義務を実際に実現することで，自分が納得できる人生を生きているはずである。

しかし，あなたは，対人援助の仕事に就くなかで，その好みや義務と考えているものを軽視する人と出会うことになるかもしれない。たとえば，あなたは，一生懸命働き，また子どもを育てる自分の親の姿を誇らしく思ってきたかもしれないが，あなたが出会う利用者のなかには，いかに子育てで楽をするかということを考え，そのためにできるだけ保育所を利用したいと願っている人がいるかもしれない。そのとき，あなたは何を感じ，何を思うだろうか。

あなたは，あなたが経験してきたことに基づいて，自らの価値観，すなわち，何を大事にすべきなのかという観念を自分のなかに形成してきている。この価値観は，自分の生き方，あり方にかかわるものだけに，あなたの行動の仕方，判断の仕方に大きな影響を及ぼしている。価値観が似ている場合は，「私と同じだ」「その考え方，よくわかる」と相手に好感をもつだろうし，逆に異なる場合は，「この人，何を言っているんだろう」「まったく理解できない」と相手に対して敵意や無関心で反応するだろう。

このような一般的な対人関係のとり方では，利用者を理解することはできない。利用者には利用者の人生があり，そのなかで形成してきた価値観がある。異なる価値観を抱いた利用者と出会い，そこから理解を生み出す場こそが援助関係であり，効果的な面接を支えるものである。したがって，まずは自分の価値観や，それに基づく外界への反応の仕方など自己に関することをよく覚知し，自己のあり方が利用者理解の妨げにならないよう，意識しておくことが大事である。

(3)　他者理解の方法

他者理解ができなければ，面接の意味はないに等しいし，個別援助技術の展開は望めない。しかし，他者を理解することなど，果たして本当にできるのだろうか。あなたは，「その話，よくわかるよ」とだれかから同意されたとき，「あなたには，わからないよねぇ」という違和感をもったことはないだろうか。

他者理解は，一連の過程のなかで起きるものである。一瞬にして相手の心と暮らしが見える魔法ではない。だから，その手間隙かかる過程を面倒くさいと思ったりしたら，表面的にしかその人のことを理解することはできなくなる。

他者理解は，じっくりと相手の話についていくことが欠かせないわけだが，その面接に求められる態度及び技法のことを「**傾聴**」と呼んでいる。傾聴とは，ただ単に音を耳に入れるということではなく（この場合は「聞く」という言葉が当てられる），注意を傾けて相手の言わんとするところを理解しようとする行為を指す。

したがって，一方的に批判したり，説教したり，質問をたて続けに行ったり，自分の個人的体験談を長々と話したりすることは，傾聴的態度も技法も備わっていないものと考えられる。逆に，相手が言葉にしていることはもちろん，相手の表情や口調，姿勢などの非言語的なものにも注意を向け，相手の言わんとするところを心で感じ取ろうとすれば，それは傾聴的態度及び技法が備わった面接となる。

（4） 面接の方法

■環境設定

「話しやすい雰囲気」というものがある。友だちがたくさん通るかもしれない学校の廊下で，自分の本当の気持ちを話すことは決して簡単ではないだろう。

面接を始める場合，雑音が多すぎずきちんと何を話しているかが聞こえる空間であること，基本的に人の出入りがない場所を選ぶこと，室温は暑すぎず寒すぎず適温に保たれていること，机といすの位置が近すぎず遠すぎず自然な位置関係にあること，面接中に気が散らない程度に絵画や花などで装飾することなど，環境設定に気を配るようにしたい。

■非言語的要素への意識化

面接の雰囲気を決めるものの一つに，コミュニケーションにおける非言語的な要素がある。非言語的な要素とは，要は言葉にならない部分のことで，先述した部屋の設定なども，ワーカーが利用者にどのような思いで待っていたかを

図･表4-6　非言語的メッセージの例

非言語的要素	解説
視線	視線をそらすと「話を聴いてくれていない」「関心がない」というメッセージをもたれやすい。しかし，凝視すると，相手に威圧感を与えやすい。また，伏し目がちだと，自信のなさや不安な気持ちを相手に伝達する可能性がある。
表情	表情が固いと，相手の感情表出を抑えることになる恐れがある。また，利用者の気持ちの揺れにあわせて，たとえば悲しい話をしているのであれば悲しそうな表情をするなどして，非言語的に共感を進めることができる。
位置関係	あまり近すぎると，相手に圧迫感を与える。しかし，遠ければ，親しみをもって話をすることの障壁となる。場合によっては，拒絶と受け取られかねない。また，ベッドサイドで面接をするときや子どもと話すときは，腰をかけて目線を合わせられるようにしないと，相手に威圧感を与えたり，じっくりと話をする時間がないというメッセージを伝えたりすることになる。
声の調子	話し方が早いと焦っていると思われる。また，相手が急がされている感じになる。声も小さすぎれば，聞こえにくいし，場合によっては自信がないものと受け止められる。声が大きすぎれば，相手に威圧感を与えやすい。

示す非言語的メッセージを含むものといえる。そのほか，視線，表情，位置関係，声の調子，姿勢，身振り手振りといったものに話し手の感情が表れやすい（図･表4-6）。

非言語的要素は，利用者の内面を理解する鍵として活用すべきだが，それと同時に，ワーカーの内面を利用者に伝達していることも忘れないようにしなければならない。ワーカーは自分自身の感情統制を効果的にできるように，トレーニングを積み重ねる必要がある。

■話を促す技法

言語的要素を扱う技法の最も基本的なものであり，うなずきや相づち（「ええ」「はい」「そうですか」など），非指示的なリード（「もう少し詳しくお話ください」「（相手の話を継ぐようにして）その後は？」）が該当する。

これらの技法は簡単なように思えるが，相手の立場からみると，「うなずきが多すぎて，軽くあしらわれている感じがする」「強く相づちを打たれると，話をやめるように言われているような気がする」といったように，コミュニケーションを阻害する要因ともなりうる。日常的にとりうる自然な行為だけに，自分の癖をよく理解しておきたい。

■話の内容を確認・明確化する技法

利用者から話されたことをワーカーがちゃんと「わかっている」ということを，面接場面では利用者に伝えたい。さもないと，利用者から「わかっているのだろうか」という不信感をもたれたり，ワーカーが利用者の訴えたいことを間違って理解したまま話が展開してしまったりして，後から援助関係の修正をしなければならないことが出てきてしまう。

このための技法として最もシンプルなものが，繰り返しである。これは，文字通り，相手の言ったことをそのまま繰り返すもので，いわゆるオウム返しのことである。たとえば，「もう日曜も祝日も関係なく仕事が入る。死にそうなくらい忙しい」と利用者が言ったとき，利用者の「死にそう」だという切羽詰まった状況を確認するために，「死にそうなくらい忙しいんですね」とワーカーが言えば，これは繰り返しの技法を活用したものと考えられえる。

ただし，繰り返しの技法を繰り返して使うと，相手はばかにされたような気分になる。そのため，相手の言っていることを別の表現を用いて確認する内容の反映がしばしば使われる。たとえば，利用者が「死にそうなくらい忙しい」と言ったら，「もう身も心も仕事に食いつぶされている状態なんですね」とワーカーが返せば，これは内容の反映になるだろう。

また，要約技法も長い面接のなかでは頻繁に使われる。これは，内容の反映の一種と考えてもよいが，要は話が長くなったり，あるいは面接を終了したりするときに，これまで話した内容を，文字通り要約して，面接の内容を利用者とともに確認する技法である。

■相手の気持ちを確認・反映する技法

面接のなかで，最も重要な技法の一つである。個別援助技術の原則をまとめたバイステック（Biestek，1957）は，次のような例を挙げている。

「T夫妻は，彼らの二人の子どもを一時的に施設に預けようと考えている。

(中略) 彼らは子どもに対する罪悪感を味わっているのかもしれないし，子どもを手元で養育できないという挫折感を経験している可能性もある。さらに，彼らが子どもを親戚に預けようとして断られていたとすれば，助けてくれなかった親戚に対して，怒りや恨みをもっているかもしれない。」

このように，面接では何らかの気持ちを抱えた利用者と出会うことになる。そして，その気持ちこそ，利用者が最もわかってほしいと思っていることであったりする。

気持ちを確認するためには，繰り返しの技法を用いてもよいが，先述したとおり，多用できるものではない。そこで，ワーカーは，利用者の気持ちを別の言葉で言い換えることで，利用者に「あなたは，こういう気持ちを抱えているのですね」と気持ちの反映を行っていく。

たとえば，「私の母は，私に対してはとても厳しくしつけました。でも，今思えば，とても感謝しているんです。でも，私の子どもに対して，会うたびにお金を渡したり，ゲームを買ってあげたりしているところを見ると，どうしてもイライラしてしまうんです」という利用者に対して，「お母さんに対して，とてもよく育ててくれたという感謝の気持ちがある一方，何で自分の子どもには甘やかすだけの子育てしかしてくれないのかと頭にくるんですね」とワーカーが応答すれば，それは，利用者のなかにある母親に対する相反する2つの気持ちを反映したことになる。こうした応答により，利用者は自分の問題の本質が何なのかをよりよく理解するようになるのである。

2．記録

(1)　記録の目的

「実践さえうまくいけば，記録は要らない」，もしかしたら，そのように考えている人もいることだろう。しかし，専門職として活動するなら，記録にはいくつかの目的があることを知り，記録を実際にとる必要がある。

■サービスの質の向上のため

実際に対人援助職に就けば，日々の業務に追われることとなるが，そうした多忙ななか，すべての援助が完璧に進むことは望めない。なぜうまくいかないのだろうか，利用者がこれまでに言ったことで何か見落としていることはないだろうか，過去にも同じようなことが起こっていないだろうか……，そんな疑問をもつことになるだろう。また，自分がだれかほかの保育士から業務を引き継いでいた場合，余計に，子ども及び過去の援助内容を知りたく思うだろう。そのとき，記録が役に立つ。

また，適切な記録は，よりよい実践を生み出すための研究資料ともなる。ケース検討会や援助方法論の研究会に参加し，さまざまな人から意見を出してもらうことはとても重要なことであるが，そのときに記録がとられていなければ，的確にプレゼンテーションをすることは難しくなるだろう。

このように，自らの援助のあり方あるいは利用者を理解し，適切な援助を再考するうえで，記録の存在は欠かせない。

■組織の運営管理のため

ワーカーが，単独で援助をするケースというのはまれなことであろう。おそらくほとんどのワーカーは，何らかの組織の監督責任下で日々の業務を展開している。このとき，監督責任者の立場からすれば，自分が責任をもっているワーカーたちが本当に適切に援助を行っているかを知る必要がある。

また，組織的なことを考えたとき，統計資料を作成したり他機関へケースを紹介したりする場合，組織として適切な記録がとられていることを確保しておくことは，組織の社会的信頼を失わないためにも不可欠である。近年では，ワーカーによる援助が訴訟の対象とならないとも言いきれない状況にあり，ワーカーが組織的に適切な援助を行ってきたことを証明し，組織とワーカー自らを守るためにも，記録をとっておく必要がある。

このように，記録は，ワーカー個人のものだけではないことをよく理解しておくべきである。

(2) 記録で注意すること

記録は，だれが読んでもわかること，必要な内容が押さえられ，冗長にならず，的確であること，事実を書くこと，管理をしっかりすることが必要である。

とくに，客観的事実と主観的事実が混同しやすいので注意したい。簡単な例を挙げると，「みどりちゃんは，施設で行う誕生日会のときに，ずっと外を見ていた」というのは客観的事実である。しかし，「みどりちゃんは，誕生日会を楽しんでいなかった」というのは，事実ではないかもしれない。もっといえば，援助者が主観的にとらえた事実だといっていいだろう。

このとき，「楽しんでいなかった」と書くのと，「楽しんでいないように思えた」と書くのでは，読み手の印象は変わってくる。また，「お母さんとの面会日だったためか，ずっと外を見ていて，誕生日会どころではなかったのかもしれない」と，「楽しんでいなかった」と考えた根拠を明示した記録になっていれば，「これは仮説ですよ」ということがかなりはっきりとする。ついつい，「楽しんでいなかった」というような断定的な書き方をしてしまいがちなので，主観的事実と客観的事実の書き分けには留意したい。

（3） 記録の種類

個別援助技術の記録は，**フェースシート**（一般的には，利用者の名前や家族，生育歴のことなどが簡単に記され，フェースシートだけ読めばケースの概要がわかるようになっている）に加え，経過記録がとられる。その経過記録において採用される記録の種類について確認をしておきたい。

■叙述体

叙述体とは，事実経過について，文字通り叙述するものである。この書き方は最も基本的なもので，客観的事実を正確に記録することが求められる。

また，叙述体には，さらに３つの種類の記録がある。

① 逐語体……だれが何を言ったのか，一言一句，録音データをありのままに文章化するものである。たとえば，「利用者：すいません遅刻して」「保育士：だめじゃない。これで３回連続でしょ」「利用者：すいませんね」といったような記録が続いていくことになる。

② 過程叙述体……何があったのかを物語を語るように文章化するもので，最もスタンダードな記録の種類であろう。たとえば，「Ａさんは15分遅刻してきた。保育士がこれで３回連続であることを指摘するも，軽い調子で謝る」といった感じになる。

③ 圧縮叙述体……過程叙述体をさらに圧縮して記録したものであり，要点のみを記録したものと考えてよい。

■要約体

要約体とは，援助経過を，文字通り，要約したものである。圧縮叙述体が面接の流れを示すように要約しているのに対して，要約体はケース全体の概要がわかるように要約されるものであり，ケース検討会や他機関へケース紹介を行うときに利用されるものである。

■説明体

説明体は，客観的事実と並んで，それに対する説明あるいは解釈を加えた記録である。たとえば，「Aさんは15分遅刻してきた。保育士がこれで3回連続であることを指摘するも，軽い調子で謝る。謝罪することが形式的になっているが，これは援助者に対して甘えが強まっていることを示しているように思う。なぜなら……」といった感じで記録される。

トピックス4：児童養護施設における個別援助技術の事例

A子（14歳）は，小学1年生のときに虐待を理由として児童養護施設入所措置となった，中学2年生の女の子である。最近，A子については，気に入らないことがあるとすぐに小さな子どもに八つ当たりをする，施設職員に対して挑戦的で，できない可能性が明らかに高いことに対しても「できる」と言い張り，結果的に失敗して「自分はダメだ」と機嫌が悪くなることを繰り返す，といったことが報告されていた。あまりにも気持ちのコントロールがきかない状態のため，ほかの子どもたちが安心して生活するためにも，速やかに何らかの対応がとられる必要があった。

A子は，小さいころから虐待を受けており，気持ちをコントロールすることを学習する機会が親子関係のなかでなかった。施設入所後は環境依存的で，職員や年長の子どもたちの言動に影響されることが多かったが，A子が第二次性徴期に入り，原我からの欲動が強まり，生活経験のなかで十分な発達をしてこなかった自我機能の脆弱性が表れはじめているのではないかと，施設内のカンファレンスで仮説が立てられた。

施設では，A子の自我の機能を強化するきっかけになると，今回のことを肯定的に受け止め，次のような援助方針を立てた。まず，A子の担当になっている保育士は，学校であったことをたずねたり，何も答えずにブスッとしているときには「何か今日は機嫌が悪いんだね」と言葉を用いて感情を明確化させたりした。いつでもA子に肯定的な関心をもっており，A子の能力を信頼していることを持続的に行うようにしたのである。また，個別の話し合いをもち，どういうときにストレスを感じるのかを反省的に話し合い，自分の欲求が充足されない場面になるとどうしても機嫌が悪くなってしまうことへの，A子自身の気づきを高めていった。

こうしたなかで，A子は自分の欲求がかなえられないときに気持ちのコントロールがうまくいかないことが，自分が，今，取り組まなければならない課題であることを認識していった。保育士は，そのことに気づいたA子を支持し，イライラしそうになったらいったん深呼吸をし，保育士にそのことを話すようにしてみようと提案した。そして，実際に気持ちのコントロールができた場面で必ずほめ，自我が自律的に機能する状況を増やしていった。　（澁谷昌史）

演習問題

A・個別援助技術理論を一つ取りあげ，その特徴についてまとめてみよう。

B．個別援助技術の事例を取りあげ，個別援助技術の構成要素がどのように扱われているか，みんなで検討してみよう。

C．グループをつくり，相互に模擬面接を行い，その後，「効果的な面接の条件」をテーマに議論してみよう。

5章 保育場面における集団援助技術

集団援助技術（ソーシャル・グループワーク）とは，社会福祉活動の場で用いられる方法の一つであり，社会福祉援助技術のなかでは，直接援助技術に位置づけられるものである。

人間が生活しているところには，さまざまなグループが存在する。私たちはいくつかのグループに所属し，そのなかで相互に影響しあい成長や変化を続けていく。集団援助技術とは，成員間の相互作用や集団力動など集団のもつ力を活用し，意図的につくり出された小集団において共通した関心や問題をもつメンバーが，共通したグループの目標を設定することにより，自分たちの問題や課題を解決する対人援助技術である。

保育の場面では，個別の援助だけではなく，グループを活用した援助が有効な場面も多い。本章では，集団援助技術の基本的知識を学ぶとともに，グループワークの実際についても理解していく。

1　集団援助技術とは何か

1．集団援助技術の意義

人間は，家族という基本的なグループの一員として生まれ，死に至るまで友人や生活している地域社会，学校，サークル，職場など身の回りにあるさまざまなグループに所属し，かかわりをもちながら成長していく。そのそれぞれのグループのなかで人との交わりやつながり，さらにグループ経験を積み重ねながら社会的な人として成長・発達していくこととなる。

集団力動（グループ・ダイナミクス）は，グループ内のメンバーの相互交流によって生じる力であり，この集団力動はグループ全体とメンバー一人ひとりの思考や行動に大きな影響を与える。グループワークは，この集団力動に着目し，グループを活用しながら，メンバー個々人やグループ全体が直面している問題解決のために側面的援助を行う援助技術である。

援助の対象は，グループに参加している個人，及びその個人をメンバーとして形成されるグループであり，個人がグループの特性を活用しながら抱えている問題を解決することができるように援助活動を展開していく。

保育場面で集団援助活動を活用する場合，対象となるのは主に乳幼児期の子どもと，その保護者である。子どもが家族というグループの次に出会うグループは，近隣の子どもたちとの遊戯グループや保育所や幼稚園などのグループとなる。これらのグループで，子どもは家族グループとは異なる同年代をメンバーとしたヨコのつながりのグループに所属する。

保育場面でグループワークを活用することの意義は，それぞれの仲間グループを活用しながら，子どもの社会的な成長を促すことであると同時に，仲間と協力する能力やその関係性を通した独立心や自立心といった人格形成のことである。また，家庭環境や家族の抱える問題が大きな影響を与えることが少なくないことから，保育現場では子どもだけでなく子育てをしているという共通のライフサイクル上の課題をもつ保護者を対象としたグループワークを活用しながら，子どもの健全な成長・発達を援助していくことも求められる。

グループワークは，人間尊重や平等主義，民主主義，個人の主体性の尊重といった原理に基づき，グループ体験を通して，各メンバーが自分の問題解決や課題達成を図り，成長を遂げていくことを目的としている。

2．集団援助技術の定義

グループワークの最初の定義は，ニューステッター（Newstetter, W. I.）による1935年の全米社会事業会議における「グループワークとはなにか」という報告にみることができる。そのなかで，「グループワークとは，自発的集団を通して，個人の成長と社会的適応をはかる教育的過程であり，同時に，この集団を社会的に望ましい諸目標をおしすすめる手段として用いることである」と述べられている。

その後，コイル（Coyle, G. L.）やトレッカー（Trecker, H. B.）などが定義を明らかにしている。それらの定義からは，社会福祉と社会教育の両方にまたがりながらグループワークが発展してきたことをみることができる。

1946年の全米社会事業会議において，コイルらによって，グループワークもケースワークやコミュニティ・オーガニゼーションと同様，「社会関係の意識的な活用」を伴うという点でソーシャルワークであるとする報告を行い，ソーシャルワークの一つであるとする理論的根拠が与えられた。

1949年には，AAGW（米国グループワーカー協会）が「グループワーカーの機能に関する定義」を採択し，その後の標準的な定義とされた。その冒頭では，「グループワーカーは各種のグループを援助して，グループ相互作用とプログラム活動によって，個人の成長と望ましい社会的諸目標が達成できるようにつとめる」と述べられている。その後，1995年に設立されたNASW（全米ソーシャルワーカー協会）にAAGWが参加することにより，ソーシャルワークへ帰属することが明確となった。

さらに，1963年にコノプカ（Konopka, G.）が，「ソーシャル・グループワークとは，ソーシャルワークの一つの方法であり，意図的なグループ経験を通じて，個人の社会的に機能する力を高め，また個人，集団，地域社会の諸問題に，より効果的に対処しうるよう，人々を援助するものである」とし，グループのもつ治療的機能に着目する定義をあらわした。このコノプカの定義は，日本でもグループワークの定義としてよく知られているものである。

すなわち，グループワークとは，意図的なグループ体験をグループのメンバーに与えることを通し，個人の可能性やグループの発展性を可能な限り引き出していく。そのためにワーカーは，メンバー同士の関係を意図的に活用しながら，メンバー及びそのグループがもっている能力を十分に活用し，個人の問題とグループの問題解決の援助を行うのである。

3．集団援助技術の方法

社会福祉援助技術の歴史をたどると，さまざまな理論を実践場面に応用し，方法論を体系化してきた軌跡をみることができる。とくにグループワークにおいては，以下の３つの援助方法についてのモデルが，代表的なものとして取りあげられることが多い。

（1） 社会諸目標モデル

伝統的なグループワークの実践モデルであり，デューイ（Dewey，J.）などの教育思想の影響を受け，社会教育も含む幅広い分野において用いられていたものである。たとえば，子どもの発達や育児不安に悩んでいる保護者など，メンバーとの間に生じている不適応を解消するために，グループを活用することによって社会的な問題解決を図ることを目的としている。

（2） 治療モデル

現在では，「予防的及びリハビリテーション的モデル」「組織モデル」とも呼ばれている。グループに参加する個人の治療，小集団による個人の行動を変容させていくことを目的とし，ヴィンター（Vinter，R.）らによってアメリカにおいて発展した実践的モデルである。たとえば，非行少年やアルコール依存症のメンバーなどに対して，その問題を診断し達成可能な具体的目標を設定し，グループを活用することにより，個人の成長や社会への適応を援助する立場である。

（3） 相互作用モデル

社会緒目標モデルや治療モデルと異なり，最初に目標を設定せずに個人と個人，個人とグループがお互いに助けあうことにより共通の課題に取り組むようになるかかわりあいをつくりだしていくことに重点をおき，相互援助システムをつくりだすことが目的とされるモデルである。

2　集団援助技術の援助媒体

グループワークの援助媒体とは，援助目的を達成するために活用する道具・手段を指しており，「**グループワーカー**」「**グループメンバー**」「**プログラム**」「**社会資源**」で構成されている。

1．グループワーカー

グループワーカーの役割とは，グループが望ましい活動を展開していけるように支援することであり，ワーカーは実際にグループの援助を行う者である。重要なことは，グループワーカーとは，グループワークを行うのは理論に基づいたはたらきかけを行う援助者であり，利用者であるグループのメンバーではないということである。

グループワークをすすめるうえでのワーカーの機能として，前田（1999）は，次の17項目を挙げている。

① 組織体と利用者グループとを媒介してグループ活動を成立させ，利用者にわかりやすくサービスの目的を説明する
② グループの目的に応じて，個々のメンバーのアセスメントを行い，活動によって到達が期待される目標をたて，評価の基準をつくる
③ グループ活動の条件についてグループとの合意をつくる
④ 個々のメンバーの目的とグループの目的とを媒介し，メンバー同士が相互に援助しあうようにはたらきかける
⑤ 目的達成のために個々のメンバーの自助能力を引き出し，またグループ過程への参加を助ける
⑥ メンバーやグループの活動に必要な情報を提供する
⑦ メンバーと活動をともにしながら，メンバーの行動のモデルになる
⑧ グループの目的が達成されるようにメンバーやグループに必要な心理的サポートを与える
⑨ グループが相互援助システムとして発達するように助ける

⑩　グループとともに目的達成に必要なプログラム計画を検討する

⑪　メンバーの生活に必要な実際的な社会的技能を教える

⑫　メンバーやグループが必要とする社会資源の活用を援助する

⑬　メンバーのニーズ充足にグループ活動が効果を上げていない場合，活動を妨げている原因を取り除いたり問題を解決したりするための援助をする

⑭　メンバーとメンバー，メンバーと家族，学校，職場などほかのシステムとの媒介者としてはたらく

⑮　メンバーに代わって権利を擁護する役割をする

⑯　援助を終結すべきときにメンバーが終結への準備ができるように助け，必要に応じてほかの社会サービスに紹介する

⑰　グループサービスの効果を評価し，記録を整理し，組織体に報告する

2．グループメンバー

メンバーとは，グループワークの援助対象となるグループ構成員のことであり，幅広い人々が対象となる。メンバーの構成は援助の目標によって異なる。

個別援助においては，クライエントとワーカーとの１対１の援助が展開されるのに対し，グループワークでは，メンバー同士の相互作用を援助関係としてとらえ活用しながら援助が展開される。このメンバー間の**相互作用**は，グループワークの中核となる固有の援助媒体であり，メンバー同士のかかわりあいのなかでさまざまな相互作用を体験することがグループワークにおいて重要な意味をもつ。

組織されたグループのなかでメンバーは，それぞれの考え方や，肯定的・否定的な感情を伝えていく。そのなかで，ほかの人の気持ちや行動を受け入れたり，拒否したり，感じたりしながら，仲間意識を育てていく。仲間意識が生まれることにより，同じグループに所属するものとしての親密感や連帯感が強まり，メンバーに共通する課題解決に向けた相互援助的力がグループに生まれてくる。このような相互作用によって生じる参加者自らの成長，変化，課題解決などがグループワークの目的である（図･表５－１）。

一方で，葛藤や反感，攻撃，無関心，排除などの好ましくない感情が生まれ

図・表5－1　相互システムの効果

・情報を積極的にわかち合うようになる
・意見や感想の対立が昇華されて，新たな結論が導き出されるようになる
・性の話や親への憎しみ等，一般的には非常識なこと，恥ずかしいこととされている領域でも，集団の問題解決のために踏み込んで話し合えるようになる
・自分とほかのメンバーが似たような問題や経験，感情，関心事をもっていることがわかり，孤立感が減少される
・問題を社会的な文脈でとらえるようになる
・メンバー同士が，援助者よりもずっと深いレベルで共感，支持し合うようになる
・相互に期待を述べ合ったり，要求を出し合ったりと，生産的な文化が生じる
・集団を進めるなかで出てきたメンバー一人ひとりの問題を具体的に解決しようとする
・実際場面を再現するロールプレイなどを活用して，実際場面に即した解決策を検討する
・相互援助的な関係では，孤立感が現象するだけでなく，何か新たな力を得たような心持ちになる

こうした有用性を，メンバー同士の相互作用からいかに引き出すかが，グループワークでは問われることになる。

（出典：澁谷昌史「保育場面における集団援助技術」松本寿昭編『社会福祉援助技術』同文書院，2004年，p.99）

たり，仲間意識が育たなかったりすることが起こる場合もある。このような場合，メンバーはいてもグループワークは成立していないため，ワーカーは，まずメンバー間に仲間意識が育つようはたらきかけていくことが必要となる。

ワーカーは，常にグループの相互作用が生起するようなプログラム活動を展開し，相互作用を見守りながら，メンバーや個人に対する助言や受容を行うことが求められる。

3．プログラム

プログラム活動も，グループワークの中核となる固有の援助媒体である。グループワークでは，意図的なプログラム活動を通し仲間関係を育てながら，グループ内の相互作用を豊かにしていく。プログラム活動は，『現代社会福祉辞典』（1988年）によると，次のように定義されている。

「ワーカーが属する施設や機関の援助目標を達成し，メンバーの成長と変化

を促すためにワーカーが活用する援助媒体で，グループ活動の展開に必要な計画，実施，評価に至る全過程を意味している。グループワークにおいて特徴的なことは，ワーカー・メンバー関係，メンバーの仲間関係の対人関係を含めてグループ過程がプログラム活動という媒体を通して展開されることである。具体的な活動内容としてのプログラム活動は，メンバーの関心や能力，グループの目的に沿って，言語的・非言語的活動がグループにおいて実施され，メンバーによって経験される。ワーカーはグループがメンバーにとって望ましい活動を決定し，その実施のための計画や評価のために，メンバーの最大限の参加が得られるよう側面から援助しなければならない。」

プログラム活動には，このプログラム活動は何のために行うのかという「目的」，具体的に何をするのかという「活動内容」，プログラムの過程を通じてメンバーがどのようにかかわり変化していったのかという「過程」が必要になる。グループワークにおけるプログラムは，グループがその目的に沿って行うすべての活動であり，それを用いてグループメンバーの相互作用をはたらかせることが目的であるため，プログラムを成功させることが目的ではない。

4．社会資源

社会資源とは，援助目標達成のために，利用できるものすべてを指している。たとえば法律，制度，知識，技術，情報などの無形のものから，施設・機関・団体，専門家，ボランティアなどの人的資源，設備，機器などの有形の物的資源までを総称したものである。

あらゆる社会資源を活用することによって，より効果的にグループの経験を展開していくのがグループワークの機能であり，そのためにワーカーは，絶えずこれらの社会資源に関する情報を収集しておく必要がある。さらに，地域に存在する社会資源を提供するだけではなく，必要な社会資源が欠けている場合には，ワーカーにはメンバーとともに，必要な役割を新たに創出していくことも必要である。

3　集団援助技術の原則

グループワークの基本的な視点は，まず社会福祉援助の実践に伴う方法，技術の一つであり，個別援助技術や地域援助技術などの援助方法・技術と同様に，人権擁護，守秘義務，自立支援など社会福祉実践の基本的価値に基づいている。

グループワークの原則について一般的に言われている内容は，**個別化の原則，受容の原則，参加の原則，体験の原則，制限の原則，継続評価の原則**である。先駆的なものとして，トレッカー（Trecker, H. B.）やコノプカ（Konopka, G.）による原則が挙げられる（図・表5－2）。

1．個別化の原則

人間は，それぞれに異なるパーソナリティをもち，異なった環境のなかで育ち生活している。バイステック（Biestek, F. P.）は，クライエントが個人として取り扱われたいという基本的要求をワーカーが満たそうとする個別援助技術の原則を「個別化の原則」としたが，これはグループワークにおいても同様である。

ワーカーは，グループを一つのグループとしてみるのではなく，個々人の状況や課題などを個別化してとらえることによって，グループを構成するメンバー一人ひとりの存在意義を明確にしていくことが必要である。さらに，個々人のメンバーで構成されるグループも，ほかのグループと異なる独自の性格をもつものであるととらえ，グループとしての成長を援助していくことが必要である。

2．受容の原則

受容とは，メンバー一人ひとりの長所・短所，価値観を認め，感情や行動などに対して，行為そのものは正しく評価しながらも，道徳的批判などを加えずにその人がそうせざるを得なかった背景を理解し，あるがままの姿を認めそのまま受け入れるということである。また，援助の展開過程においては，グルー

図·表５－２　代表的なグループの原則

トレッカー	コノプカ
①　ソーシャルワークの価値に立つ	①　グループ内の個別化
②　人間的ニーズへの対応	②　グループの個別化
③　文化的な場を提供する	③　個人を全体的な存在として受け入れる
④　計画的グループワーク	④　ワーカーとメンバーとの間の意図的な援助関係
⑤　特定の目的をもつこと	⑤　メンバー間の協力関係の奨励と促進
⑥　意図的なワーカーとグループ関係	⑥　グループ過程の必要な変更
⑦　絶えざる個別化	⑦　メンバー各自の能力の段階に応じた参加
⑧　グループ相互作用の重視	⑧　問題解決過程へのメンバー自身の参加と取り組み
⑨　グループの民主的な自己決定	⑨　葛藤解決の経験や体験
⑩　融通性のあるグループの組織化	⑩　多くの新しい経験の機会提供
⑪　漸進的プログラム経験	⑪　制限の巧みな使用
⑫　諸施設・資源の活用	⑫　目的をもったプログラムの意図的活用
⑬　絶えざる評価	⑬　継続的な評価
	⑭　グループワーカーの自己活用

プのメンバー間においても相互に受容しあえるような関係へと発展するように促していくことが大切である。

３．参加の原則

グループワークは，メンバーの参加があって初めて成立する。参加の自発性についてはあくまでも個人の意志を尊重し保障されるものであり，そのうえで，一人ひとりが参加に意欲をもてるようなはたらきかけが求められる。また，個人の参加能力を受け入れ，メンバーが参加能力に応じて安心して参加できるようにするとともに，プログラムのなかでその能力が高められるように支援していくことが求められる。

４．体験の原則

グループワークは，グループワーカーがメンバーの抱える問題を解決するものではなく，グループにおけるメンバー同士がかかわりあいや体験を通して相互に協力し問題を解決していく。ワーカーは，一人ひとりがグループのプログラム活動に参加し，メンバーとかかわりあいながら協力したり，自分の役割を果たしたりすることで達成感や成就感体験ができるように援助を行う。

さらに，そのような体験を積み重ねることができるよう，高い参加動機やグループに参加していたいとメンバーが思うようなグループを構成し，プログラムを展開していくことが不可欠となる。

5．制限の原則

グループ活動を進めていくうえでの基本的な態度について，最小限のルールを決めることである。グループワークでは，メンバー個々の価値観や，感情表現，行動などは，最大限に尊重され受容されるべきものである。しかし一方で，メンバーの自由な行動や感情の表出が，他のメンバーを傷つける場合もある。グループワーカーは，援助の質が保たれるように，そのグループのよりよい運営のために必要だと判断される場合には，制限を設ける必要がある。

この制限には，活動場所や時間・プログラムの素材なども含まれる。メンバーは制限という枠のなかでの活動を通し，課題を解決していくことを学んでいく。

6．継続評価の原則

評価の目的は，ワーカーの援助技術の質の向上と，援助内容の質の向上である。メンバーやグループが成長していくためには，継続的な活動が必要である。ワーカーは，担当するグループが終結を迎えたときにのみ評価をするのではなく，常に継続的に活動の評価を行い，プログラムの計画，実施に反映させていくことが求められる。

評価の内容は，各プログラムの目標達成度，メンバー同士のかかわりあいの状態，メンバーの満足度や参加度，ワーカーの援助方法などである。

4　集団援助技術の展開過程

グループワークの具体的な展開過程の内容や期間は，ワーカーとしての役割とメンバーの行動，あるいはグループメンバーのニーズなどによって異なる。そのため一律のものではなく，いくつかの段階に分けて考えることができる。

ヴィンターらの治療モデルによる展開では，次の5つの段階に分けている。

① インテーク（受理）面接を行い，利用者として受け入れるか否かを決定する受理の段階

② 診断を行い，処遇計画を立てて利用者との間で「契約」を結ぶ段階

③ グループの構成を考えグループをつくる，またはグループに入れる段階

④ グループとしての成長を援助しつつ，個々の利用者をグループのなかで援助していく段階

⑤ 個々の利用者の処遇効果を評価し，サービスを終了する

また，コーレイ（Corey，M. S.）らは，①準備期，②開始期，③移行期，④作業期，⑤終結期，⑥終結後期，の6つの段階に分類している。

シュワルツ（Schwartz，W.）らの相互作用モデルでは，次の4つの段階に分類している。

① ワーカーが対象者の生活の流れに入り込むために「波長合わせ」を行い，活動を開始する準備やプログラム作成の準備を行う**準備期**

② 一つのまとまったグループとして動きはじめるのを助ける**開始期**

③ グループ及びメンバーが課題達成するために，より効果的に活動を展開できるように支援する**作業期**

④ ワーカーがグループの構成員と別れてサービスを終了する**終結・移行期**

ここでは，一般的に用いられているシュワルツらの枠組みを参考に，「障害児通園施設の親グループ」の事例を通して，援助過程の各段階（図·表5－3）について考えていく。

図・表5-3　グループワークの援助過程

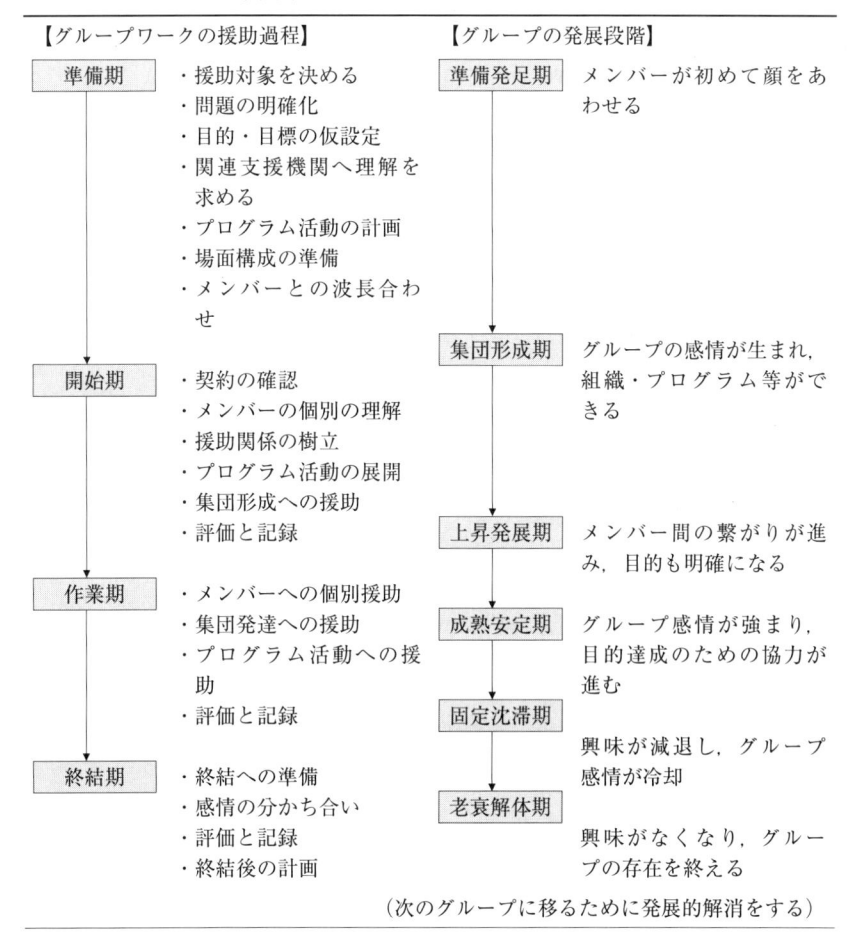

【グループワークの援助過程】

準備期
- 援助対象を決める
- 問題の明確化
- 目的・目標の仮設定
- 関連支援機関へ理解を求める
- プログラム活動の計画
- 場面構成の準備
- メンバーとの波長合わせ

↓

開始期
- 契約の確認
- メンバーの個別の理解
- 援助関係の樹立
- プログラム活動の展開
- 集団形成への援助
- 評価と記録

↓

作業期
- メンバーへの個別援助
- 集団発達への援助
- プログラム活動への援助
- 評価と記録

↓

終結期
- 終結への準備
- 感情の分かち合い
- 評価と記録
- 終結後の計画

【グループの発展段階】

準備発足期　メンバーが初めて顔をあわせる

↓

集団形成期　グループの感情が生まれ，組織・プログラム等ができる

↓

上昇発展期　メンバー間の繋がりが進み，目的も明確になる

↓

成熟安定期　グループ感情が強まり，目的達成のための協力が進む

↓

固定沈滞期　興味が減退し，グループ感情が冷却

↓

老衰解体期　興味がなくなり，グループの存在を終える

（次のグループに移るために発展的解消をする）

（出典：藏野ともみ「保育における直接援助技術の実際」桐野由美子編著『保育者のための社会福祉援助技術』樹村房，2006年，p.79）

1．準備期

この時期は，グループワークの開始期，すなわちグループワーカーやメンバー同士が初めて顔を合わせる前の段階である。

グループワークを開始するためには，まずグループワークのニーズを調査することが必要となる。ここで挙げられたニーズに基づき問題・課題を明確にしながら，グループワークの目的や目標を立てていく。さらに，何人くらいのグループにするのか，グループのメンバーを募集するのか，メンバーを選定するのかなど，どのようなグループを形成するのかについて検討していく。これらのグループワーク開始前のグループワーカーの取り組みは，今後のグループワーク全体の方向性を決めることになる。

グループの形が決まると，次の段階として，どのようなプログラムを提供するのか，開催期間や開催回数などについて計画を立てていく。同時に，援助過程に参加するほかの専門職や，協力者などの社会資源に対して情報を提供し，理解を得ておき，協力が必要なときには協力が得られるように体制を整えていくことも求められる。

初めてグループをつくる場合や新しいメンバーを仲間に迎え入れるときには，メンバー同士が打ち解けられるだろうか，グループワークが順調に進むだろうかなどの不安や心配に対し，ワーカーにはさまざまな点で配慮が必要となる。

そのため準備期には，メンバー個々人の状況やニーズ，感情などについて情報を収集し，メンバーへの理解を深めていく。これを「**波長合わせ**」という。波長合わせでは，グループワークを進めていくなかで表面化してくるかもしれない問題や出来事についてあらかじめ予測を立てておく。

■準備期にワーカーが行うこと

① 波長合わせ
② 問題・目標の明確化
③ 援助チームのコンセンサス
④ グループワークとケースワークの調和
⑤ グループ計画
⑥ 場面設定
⑦ 記録用紙の検討
⑧ 予備的接触
⑨ 出席者の確認

■準備期［事例：障害児通園施設の親グループ］

<グループ成立の経過>

発達に障害のある子どもが毎日通園している障害児通園施設では，子どもへの療育のみでなく子どもの発達や障害，かかわり方などについて，親への養育相談や指導も実施している。日常の親とのかかわりのなかで園長は，卒園後の生活について不安を抱えていると，数名の親から個別に相談をもちかけられた。

園長も長年の経験から，障害のある子どもたちの親が将来へさまざまな不安を抱えていることを認識しており，親たちが悩みを共有しながら，協力できるような体制をつくれないかと考えていたことから，親を対象としたグループ活動を計画することにした。グループワーカーは主任保育士が担うことになり，メンバーは翌年の春に卒園を予定している子どもの親８名。期間は10月から３月までの６か月とした。

<予備接触>

ワーカーは親たちに個別面接を行い，メンバー個々の特徴や家庭の状況を把握したあと，グループ活動について説明を行った。面接のなかでは，メンバーのグループワークに対する期待や不安を受容することに留意しながら，個別のニーズについて理解し，参加の意思確認と活動への動機づけを行った。

面接場面では，「この子を抱えてこれからどうしようと不安になる」「子どもにどうかかわっていいのかわからない」「みんなどんなふうに子どもの障害を受け止めているのか，他の親の気持ちが知りたい」などの思いが挙げられた。グループ活動に積極的に参加したいと思っている親，グループ活動には受け身ではあるが声をかけられたので参加してみようと思っている親など，グループ活動に対する親の期待や思いは各様であったものの，８名全員がメンバーとしてグループ活動への参加に同意した。

<受け入れ体制の整備>

ワーカーは個別面接を行ったあと，メンバーの同意を得たうえで，同僚の保育士からの情報や入所後の記録に目を通し，子どもの障害の状況，日常生活の介護の状況，家族の対応などについて情報収集を行った。個別の予備接触を通して，親たちはそれぞれに障害児を抱え，日々の子育てや介護のたいへんさに悩んでおり，家族以外の人々と交流をする機会もほとんどもっていないことが共通点として挙げられた。

そのため，ワーカーはまず，グループワークの初期目標を「親たちが友だちを得ること」と設定することにした。グループの初期目標が決定すると，それに従い，プログラム活動を立案し，活動に必要となる場所や物品を準備した。グループワークの活動場所は施設内の和室とすること（メンバー全員が机を囲んで座ることができる），活動は週１回とすることとした。準備と平行して，グループワークの実施や具体的な内容について報告を行い，活動への理解と協力を同僚から得られるように説明を行った。

２．開始期

この時期は，単なる個人の集まりから，グループとして活動を始めるまでの段階である。

ワーカーは，グループの目的や開催日時などの運営方法，ワーカーの役割を明確にすることから始める。この段階でのメンバーは緊張し，グループの雰囲気も硬くなっているため，ワーカーは，メンバー同士の自己紹介やアイスブレーキングなどのプログラム活動を使用しながら，メンバー一人ひとりの緊張や不安を取り除いていく。

一人ひとりに配慮し，グループの雰囲気を和らげながら，メンバー個々人が援助過程にリラックスした状態でグループとして目標に向き合えるようプログラム計画の援助を行う。同時に，メンバーがそれぞれ個人の目標に向かって取り組めるように援助していく。

なお，この段階ではワーカーがメンバーやグループに発言や行動を行いつつも，グループの相互作用を活発化させるために，できるかぎりメンバー同士の会話が進行するように言葉がけをしていくことも求められる。

また，メンバーが今後の見通しをもち，意欲的に参加することができるよう，①グループの目標，②活動の内容，③開催の期間・回数・日時・費用，④グループ内でのワーカーの役割，⑤施設や機関が提供できる支援の範囲及び内容，などについて明らかにしておくことが必要である。

■開始期にワーカーが行うこと

① 援助関係の樹立とグループ形成への援助

② 契約の確認

③　プログラム活動への援助

④　評価と記録

■開始期

「障害児通園施設の親グループワーク」が開始し，ワーカーはまず，グループの目的を伝えたあとに，「同じような障害児をもつ親同士で，よい仲間をつくることを目標にしたいと思いますが，みなさんはどのように思いますか」と問いかけた。一人の親から「障害が重くて子どもから離れることができなかったために，施設と病院以外にどこへも出かけることができなかった。子どもを生んでから，友だちとも疎遠になってしまいました」と発言があり，参加していたメンバーの多くがこの発言にうなずいていた。

ワーカーが立てた初期目標は，グループのほぼ全員のニーズに一致するものであると思われた。ワーカーは，まずグループメンバー個々との関係をつくることに焦点をおきながら，準備期に得た情報と合わせ，メンバーの個別性を理解するように留意した。

ワーカーが「自己紹介で居住地域も紹介しましょう」と提案したことによって，地域の近い親たちの間で自然と会話がはずみはじめた。この段階でのワーカーの役割は，メンバーのグループに対する参加動機を高めながら，個々のメンバーのニーズとグループの目標を統合し，メンバーが主体となりプログラムの内容を決めることである。そこでワーカーは，「これからどんな活動をしていきましょうか」とプログラムづくりを提案すると，各親から思い思いにやってみたい活動が挙げられた。ワーカーは，メンバー各自が発言できるように配慮しながら，提案された内容に対し必要に応じて仲介や言い換えを行い，メンバー同士の会話が進行するように心がけた。

さらに，グループワークの最後にはそれぞれのメンバーに対し，「今日のグループワークに参加されていかがでしたか」と声がけを行いながら，メンバーから感想や意見を個別にきく機会をつくり，必要に応じ不安や戸惑いなどを受容しながら，個別相談にのるようにした。

<評価>

ワーカーは，長い間親が抱えていた気持ちを受容しつつ，ストレスを発散していきたいというメンバーの思いに共感し，その願いを実現できるプログラム活動を計画した。また，ワーカーと各メンバーの信頼関係の形成と共に，メンバー間のコミュニケーションを促した。

3．作業期

この時期は，グループが目標に向かい，具体的にプログラム活動を行っていく段階である。

グループが本格的に形成されはじめると，メンバー個々人とグループが目的達成のために自分たちの課題に取り組むようになる。メンバー間のコミュニケーションが活発になり，メンバーそれぞれに役割が発生してくる。

たとえば，グループのリーダーや質問したりアイデアを出す役割，記録などを行う役割，グループの雰囲気を和ませるムードメーカーなどである。グループが集団として発達していくように，ワーカーは個別化を基本とした個人への援助を行うと同時に，グループへの援助を行っていく。

メンバーがグループの力を活用して個別の問題解決や成長するこの段階では，「グループの規範」，「グループの圧力」，「グループ内の葛藤」などが生じてくる。ワーカーはこの点について注意を払い，適切に介入していくことが必要となる。

グループの規範：「グループの規範」とは，グループの秩序を維持するためにグループのなかで共有されている価値観や暗黙の合意事項であり，その内容は，メンバーの特性やプログラム内容によって一律ではない。このグループの規範は，メンバーの言動を規制し，グループ内での望ましいと考えられる行動や一定の支配的な考え方に従わせようとする「グループの圧力」につながっていく。

グループの圧力：「グループの圧力」がはたらくことにより，グループの規範から外れるところがあるメンバーなどによってはグループから圧迫を受けているように感じ，自由な発言や行動を妨げる要因となる。ワーカーは，グループの規範を早い段階で気づき，圧力がプログラム活動の支障とならないよう，その規範がグループの目的を外れている場合には，圧力を弱めるような介入を行う必要がある。

グループ内の葛藤：「グループ内の葛藤」は，グループが集団として発達していく過程のなかで，特定のメンバーにリーダーシップが集中し，サブグループが形成されていくことによって生じる。グループとしての行動の決定が困難な状況であり，グループの凝集性を弱める原因ともなる。葛藤によってメンバー間に溝ができることも多く，メンバーにとってはストレスのある状況となる。しかし，このような危機をワーカーの援助を得ながら解決し，乗り越えることにより，グループは成長し，凝集性が高まると同時に安定したものとなっていく。

プログラム活動を通し，メンバー同士の結びつきが強まり，個々人がグループに魅力を感じることができるように，ワーカーはグループ内の人間関係を観察し，メンバー個々人の役割を把握しながら調整を行うことが求められる。

■作業期にワーカーが行うこと

① メンバー個々人への援助
② グループ発達への援助
③ グループ作業への援助
④ 評価

■作業期（その１）

ワーカーは，「親たちが友だちを得る」という目標に沿って，メンバーがグループの存在意義を共有しながら，自分たちで計画した活動が実施されるように支援していった。ビーズアクセサリーづくりや食事会などの計画した活動が一段落したころに，施設からクリスマス会の案内が届いた。

リーダーが「クリスマス会で私たちも何かできないだろうか」と提案し，親たちでコーラスをすることになった。早速，ピアノの得意な親が伴奏をすることになり，曲の選定がされた。メンバー全員が，楽譜を用意する人，衣装を用意する人などの役割を担当し，積極的に準備や練習が行われていった。グループが成長し，メンバー個々の能力が表面化し，役割が生まれてきた時期である。

クリスマス会で親たちがクリスマスソングを歌うと，子どもたちも一緒に歌ったりリズムに合わせて体を動かしたりと，とても楽しいプログラムを提供することができた。終了後，参加した親たちは，「自分たちがしたことで，みんなが喜んでくれてうれしい」と盛りあがった。また，「クリスマス会に参加してみて，いろんな障害があると知った」「ここに通う前は自分の子どものことだけで必死だったけど，子どもが成長し，変化していることに気づいた」という感想には，メンバーの大半がうなずきながら聞いていた。

メンバーがこのグループワークに参加している意義に気づきはじめたと考えたワーカーは，メンバーで共有・共感し合いながら，お互いに支え合うことを通して仲間意識を高めるように促した。同時に，問題に向き合っているのは自分だけではないということに気づき，自分自身が問題解決の主体となり，新しい認識や生活をつくり出していくんだという気持ちを表出できるように促した。

<評価>

プログラム活動を通してメンバーの凝集性が高まり，グループは安定したものとなっていった。さらに，メンバーの本来の課題に向かうような発言が出されたことにより，次期への課題がグループのなかで共有されるようになった。

■作業期（その２）

グループワークが進むにつれて，メンバーの間に共通課題をもつグループとしての仲間意識が高まっていった。「最近，子どもの障害をようやく受け入れられるようになってきたが，子どもに対して申し訳なくて泣いてしまうこともある」と一人の親が語りだしたのをきっかけとして，メンバーはそれぞれの思いを話しはじめた。グループ活動が始まって４か月ほどが経過し，メンバーが心のなかを打ち明けはじめたのである。ワーカーが言語的・非言語的な相づちや促しを意識的に行うことで，メンバーにも同様の言動が自然に見受けられるようになった。この話し合いのあと，グループはいっそう親密になり，活動もさらに活発になっていった。

ワーカーは，本音で話し合う体験をしてもらいながら，メンバーにはそれぞれ異なる状況にあることをお互いに受容し，共通する問題の解決策が具体的に考えられるように支援していった。メンバーからは，「子どもが生まれてからずっと疎外感をもっていたけれど，自分だけではないんだとわかったからがんばれる」「子どもにも自分にも，たくさんの友だちができた。今までは一人で落ちこんだりしていたが，みんなと活動することで前向きな気持ちになれる」など，グループの存在意義に関する発言が出てくるようになった。

一方で，子どもたちの卒園が近づいてくると，グループが解散することによる不安などが話題の中心になることが多くなった。ワーカーは，「４月からは，それぞれの生活が始まることになりますが，これからどうしていったらよいか具体的に考えてみませんか」など声がけを行いながら，話し合いを進めていった。メンバーは，どんなことに不安を感じているのか，どんなサポートが必要なのか，自分たちでできることはどのようなことなのか，グループの活動をふり返りながら次のプログラムを検討しはじめた。
<評価>
グループが成熟していく過程において，気の合う親同士や，居住地の近い親同士のサブグループが生まれてきた。一方で，おとなしい性格のためか，サブグループに入れずに孤立してしまった親の存在も見受けられるようになってきた。ワーカーは，グループの人間関係を観察し，個々の役割を把握しながらそれぞれのメンバーが，グループ活動に主体的に参加できるよう調整を行った。
メンバーそれぞれが心情を打ち明けながら，グループの関係はより安定したものとなっていった。それまでは自分だけが不幸だと思っていたメンバーが，さまざまな活動を一緒に行い，不安や悩みなどの気持ちを共有していくなかで，同じように感じる問題であっても，個々によって環境や状況は異なるということが理解されてきた。

4．終結期

この時期は，グループワークを終了させていく段階である。

終結する理由としては，①最初に予定していた期間や回数が終了する場合，②目標を十分に達成し，グループ活動を続ける理由がない場合，③メンバー間に葛藤や対立が起こり，グループとしての統一が保てずにグループ活動を続けても効果が期待できないと判断される場合，④メンバーがグループワークに興味・関心を失い，参加者が減少した場合など，さまざまな理由が考えられる。

この段階では，相互援助が発達しているために，メンバーに大きな喪失体験を呼び起こしがちである。そのため，どのような理由においてもグループワーカーは，メンバーの感情を理解し，このグループで得たものを力としながら次の生活へスムーズに移行できるように援助しなければならない。

この段階でのワーカーの役割の一つは，グループ活動のなかで，何が達成され，何が達成されなかったのか，あるいはメンバー個々人の変化はなぜ起こったのか，ワーカー自身とワーカーの援助のあり方はどうであったのか，施設・機関はどのように役に立ったのかなどについて評価を行うことである。

グループワークを終結させる場合には，ワーカーはメンバーに対しグループワークが終わりに近いことを事前に伝え，メンバーがそのための準備に入っていけるようにする。グループでは，これまでの活動をふり返りながら意見を出し合い，互いに共有する。それは，重要な感情の表出と分かち合いであり，相互援助の活発化など最も生産的な段階である。

■終結期にワーカーが行うこと

① 終結の準備
② 感情の分かち合い
③ 終結の評価
④ 移行への援助
⑤ 記録のまとめ

■終結期

グループの活動も当初の予定である6か月が経とうとしていた。グループも予定通り終結することになる。ワーカーはそのことを告げると，「これまでの活動をふり返りましょう」ときりだした。これに対し，メンバーからは「気持ちに余裕ができるようになった」「子どもの障害やいやな面ばかりが気になっていたが，かわいいなぁと思うことが増えてきた」「このメンバーで活動できてよかった，またみんなで集まりたい」とういう共通の評価が挙げられた。

最後にリーダーから，「4月から私たちは別々の生活をしていくことになるが，これからも定期的に集まって，自分たちをサポートするグループとして活動を継続していくことになった」と報告があった（このグループは，新メンバーも誘いながら，地域の児童館などを活動の場として継続していくこととなった）。

5 集団援助技術の具体的手法

1．記録の意義

社会福祉援助において記録は，ワーカーが習得すべき重要な技術の一つである。実践と記録は切りはなして考えることはできないものであり，支援過程において記録をとることはワーカーにとって欠かせない行為なのである。ワーカーは記録を書くことにより，クライエントの抱える生活問題の実態を理解するばかりでなく，専門職としての自分の行動をふり返ることによって，その後のよりよい援助を展開していく基盤づくりへとつなげていくことができる。

グループワークにおける記録の意義としては，①グループやメンバーの理解を深めること，②施設・機関の上司・同僚や協力者との情報・認識を共有すること，③ワーカーのとった専門的判断の検討と改善に役立てること，などが一般的に挙げられる。それぞれが，グループワークが効果を上げていくことを目的としたものとして位置づけられている。

2．記録の方法

グループワークにおける記録は，基本的にはケースワークの記録の書き方と変わりはないが，ケースワークが個別援助記録のみであるのに対し，グループワークでは個々のメンバーの個別援助記録とグループ全体の援助記録が必要となる。グループワークにおける記録の一般的な内容には，次のようなことが挙げられる。

メンバーの個別記録：グループへの参加状況，ワーカーの援助など

グループ全体の記録：雰囲気やグループの活動，目標達成状況などについてのグループ全体の動き，プログラム内容やメンバーの反応，仲間意識や協力・対立関係，葛藤などメンバーの相互作用，ワーカーの援助など

なお，記録様式は施設・機関によってさまざまなフォーマットが使用されている。以下は，主な記載事項である。

① 日時，場所，参加人数，参加者名

② メンバーの発言，行動

③ グループの状況：雰囲気，仲間意識，凝集性，個々の役割，メンバー同士の相互作用，ワーカーと個々の相互作用

④ ワーカーの具体的な援助行動

3．記録の留意点

記録を書くときの留意点は，まず，あとから読み返したときにメンバー個々人の様子とグループの状況が上司や同僚などに伝わり，書いた本人以外でもそのグループの様子やプログラム活動の過程を理解できることである。

記録の留意点は，以下のとおりである。

① 簡潔でわかりやすく，読みやすい字で整理する。

② 事実に基づいた内容を記録し，ワーカーの判断が客観的になされていることがわかるように記載する。

③ メンバーやグループの反応で重要であると思われることは，言動の表面のみではなく，その感情をよく見極めて言葉の内容や行動についても具体的に記載する。

トピックス５：母親に対するグループワーク―保育所での実践例―

現在，子育て支援は保育所の重要な役割となっている。現代の母親たちの多くは子育てに関して几帳面であり，マニュアルどおりに進まないとそれだけで不安になってしまう傾向がある。また，子育てに悩み，不安を感じながら子育てにあたっていること自体を悩んでいる場合も少なくない。

Ｓ保育所では，子育て支援活動の一環として地域で子育てをしている母親と子どもに園庭開放日を設定している。ある日，それまでに何度か利用したことのあるＫさんから，「子ども（２歳）のしつけ方がわからない」と相談があった。

保育士が話を聞くと,「初めての子どもで, 泣いたときにどうしたらいいかわからない。抱っこをすると泣きやむが, 抱っこしていないとまたすぐに泣きだしてしまう。食事の準備や掃除も思うようにできず, イライラしてしまうこともある。近所に知り合いもいないし, 夫は仕事が忙しくだれにも相談できない。うちの子どもだけがそうなのか, だれか同年齢の子どもをもっている母親と話がしたい」というものであった。

そこで相談を受けた保育士は所長に相談し, 保育所全体で話し合いがなされた。その後, 相談を受けた保育士が中心となって子育て支援のためのグループ活動を実施することとなり, 開始に向けた準備が進められた。

まずはパンフレットを作成し, 保育所や子育て支援センターを利用している母親に案内を行ったところ, グループ活動には9名の母親が参加することとなった。第1回目には自己紹介の後, 子育ての体験談の交換などがされ, 少しずつではあったが友好関係を深めていく様子に, 保育士もグループの凝集性が高まっていくのを感じることができた。

その後もグループワークは継続して開催され, Kさんやほかのメンバーからは,「自分だけが悩んでいるわけではないことがわかって気持ちが楽になった」「自分がメンバーに支えてもらっている気持ちになった」などの感想が出され, 一人ひとりが抱える悩みや問題に対し, メンバーが相互に支援できるようになっていった。

このケースのように個別の支援だけではなく, 母親の孤立を防ぎ, 子育ての苦労を共有しながら一人ひとりの母親が抱える子育てのストレスや不安を軽減し, 子育ての視野を広げるはたらきかけとしてのグループによる支援も有効である。

（鑑　さやか）

演習問題

A. ケースワークとグループワークの関係について調べてみよう。

B. グループワークの原則と展開の各過程について, それぞれ要点をまとめてみよう。

C. 施設や機関では, どのようなグループワークが行われているのか調べてみよう。

6章　保育場面における地域援助技術

間接援助である地域援助技術（コミュニティワーク）は，対象者を直接支援するものではないが，対象者のWell-beingを形成するためには不可欠な技術である。その技術の中核である地域組織の支援については，今後の子育て支援にあたって，母親・父親へのアプローチとして重要である。育児サークルから地域組織活動への育成と活動展開について理解しておきたい。

1　地域援助技術とは何か

1．地域援助技術の定義

地域援助技術（コミュニティワーク）とは，社会福祉援助技術の一方法で，個別援助技術（ソーシャル・ケースワーク）と集団援助技術（ソーシャル・グループワーク）とあわせて社会福祉援助技術の３本柱となっている。前二者は直接援助技術であるが，地域援助技術は間接援助技術である。

地域援助技術の定義は時代により変化しているが，近年はコミュニティ・オーガニゼーションにソーシャル・アクション（社会活動法）を含めて定義されている。しかし，コミュニティワークの主領域はコミュニティ・オーガニゼーションであり，ほぼ同義と考えてよい。

コミュニティ・オーガニゼーションは，**コミュニティ**（地域，地区）において地域のニーズを顕在化し，住民主体とする組織の活動によって解決を図り，住民のWell-beingを向上させる活動と定義することができる。**地域組織活動**，あるいは地域組織化活動という。

2．コミュニティ・オーガニゼーションの変遷

コミュニティ・オーガニゼーションは，英国・米国の慈善組織化運動及びセツルメント運動から始まった。1910年頃になると，慈善組織の直接サービスから社会事業施設や機関の連合会を結成し，組織強化，財源の一元化による能率的運営が行われ，共同募金の配分も含めて連合会の協議による地域社会の社会サービスの向上が図られた。

1940年頃になると，「公私社会サービス機関や団体の仕事あるいは活動を，住民のもっているニードに合致するようにすることが，こういう組織の目的（ニード・資源調整説）」（牧，1966）であるとする考えから，ニードを反映させるための市民参加が重用視された。呼称として連合会にならび社会福祉協議会が使われるようになった。次に，すでに存在する社会問題の解決を援助する考え方から社会問題の予防に関心が進み，住民自らが積極的に発言し活動する必要性が高まった。

コミュニティ・オーガニゼーションは，その主体は住民（住民主体）で，施設や機関は住民活動の資源や援助機関として位置づけられ，第二義的方法としての地位からケースワーク，グループワークとならぶ３つの方法の１つとなった。この予防的機能達成には，協議会参加の各種市民団体相互の連絡調整を図り，各団体の代表と成員間との意思疎通を図ることが福祉向上の活動を円滑にするために大切だという理論（インターグループワーク）が，1947年頃，明確になった。

この段階では，住民一人ひとりが集団に属し，集団を通じて地域社会の活動に参加する態勢にあるという前提であったが，現実とは異なる実態があった。そこで，基本的に地域社会に活動の態勢をつくるために住民に接近し，理解と活動意欲を高めることが必要であるとした。住民がそれぞれの地域社会の自主的な生活向上の活動に一個人として参加できる態勢をつくることが，コミュニ

ティ・オーガニゼーションであるとされたのである。

これ以前の段階までは，地域社会全体をとらえ個人は直接考えていなかったが，この段階では個人個人の生活から出発し，その生活の一側面として地域社会をとらえる直接サービスの側面があらわれている。

このようなコミュニティ・オーガニゼーションの理論は戦後日本に入ってきたが，昭和30年代になると福祉領域のほか，保健領域でも課題別の地域組織が盛んに育成され，住民の保健と福祉の向上に寄与していた。

こうした状況から，1959(昭和34)年，保健と福祉両分野の関係者の努力によって「保健福祉地区組織育成中央協議会」(育成協）が創設された。そして，「地域住民の自主性に基づく生活向上運動が展開される素地が次第に形成され」(牧，1966)，その後，1965(昭和40)年から育成協事業と社会福祉協議会の事業が一本化された。

3．コミュニティ・オーガニゼーションの意義

被援助者のWell-beingには，制度を中心とした福祉サービス等による環境整備と自身の能力の向上とともに，地域組織活動が重要である。この概念は，保健領域で展開されているヘルスプロモーションの考え方がわかりやすい。

ヘルスプロモーション（オタワ憲章）とは，1986年，WHO（世界保健機関：World Health Organization）がカナダのオタワで開催した会議で提唱した健康戦略で，「ヘルスプロモーションに関するオタワ憲章」という。「ヘルスプロモーションとは，人々が自らの健康をコントロールし，改善することができるようにするプロセスである」(島内，1990）と定義されている。

ヘルスプロモーションの活動方法は，①公共政策づくり，②健康を支援する環境づくり，③住民の活動（地域活動の強化)，④ライフスタイルづくり（個人技術)，⑤ヘルスサービスの方向転換（病気予防から健康づくり，病院中心から家族・地域中心，専門家中心から素人中心）の５つである。

図･表6－1は，個人の豊かな生活（Well-being）をめざして坂道を上る姿を表現している。そして，この坂道を上りやすくするためには，個人の能力を高め，環境を整え，一緒に活動する仲間が必要であることを表している。

図・表6－1　ヘルスプロモーションの考え方

（病気予防→健康づくり　病院中心→家族と地域中心　専門家中心→素人中心）

（出典：島内憲夫『ヘルスプロモーション入門』垣内出版，1996年，p.17の原図を改変）

この図が示すように，地域活動の強化つまり仲間づくりは，地域組織活動の展開を示している。したがって，福祉のケースワークとグループワークの直接援助技術のほか，間接援助技術であるコミュニティ・オーガニゼーションが必要とされる福祉の課題解決アプローチと同様である。

なお，ヘルスプロモーションの考え方は，「健康日本21」，「健やか親子21」などの計画立案の基礎となった概念である。

4．コミュニティ・オーガニゼーションの目的

コミュニティ・オーガニゼーションの目的は時代とともに変化しているが，①ニード表現説，②ニードと社会資源適合説，③社会調整説，④インターグループワーク説，⑤**組織化説**，の５つにまとめられる（図・表6－2）。現在は，マレー・ロス（Murray，R. 1963）の組織化説が中心である。

日本では，これらの研究をもとに，宮坂（1977）は，コミュニティ・オーガニゼーションの基本的な考え方として，次のようにまとめた。

図·表6－2　コミュニティ・オーガニゼーションの目的

①　ニード表現説：コミュニティにおけるニードを明らかにし，その解決策を発見すること
②　ニードと社会資源適合説：ソーシャル・ニード（社会問題）を充足させるために社会資源を適合させる，あるいはニードと資源との関係の調整をはかること
③　社会調整説：地域社会の諸般の活動や各種グループ間の相互関係を調節すること
④　インターグループワーク説：グループ（組織）間の相互作用を知り，これを活用してグループ間の円滑なる関係を調節するプロセスでコミュニティの協同的努力を促進し，その努力を一般の福祉の目的に関係づける
⑤　組織化説（マレー・ロス）：コミュニティ自らが問題（ニーズ）を発見し，内部外部の必要な資源を使い，コミュニティが団結協力して，その解決を図るために活動する態度を養い育てる

①　コミュニティの範囲における問題解決

②　**住民参加**（企画への参加）

③　住民同士の協力

④　社会資源の利用

⑤　組織間の関係の調整

大切なのは組織ができることではなく活動することだとして，地域組織活動ということをすすめている。

5．地域組織活動と地区組織活動

地域と地区の違いは，地理的広さなどの区分ではなく，使用されている領域の違いによるもので，意味は同じコミュニティを表す。福祉領域では地域組織活動，保健領域では地区組織活動といっていたことによる。なお，両者ともcommunity organizationの頭文字である「CO」と表記されることがある。

また住民組織という場合もあるが，住民組織イコール地域組織ではない。構成員のみの保健福祉の向上のための活動での展開で終わっている場合は，コミュニティ・オーガニゼーションではない。たとえば，子育てサークルは地域組織に含めないが，活動展開がその先に進み，地域の子育て全体へのサービスや運動を進める組織である子育てネットワークに成長した場合は，地域組織と考えることができる。

6. 保育とコミュニティ・オーガニゼーション

保育とコミュニティ・オーガニゼーションについて，先に紹介したヘルスプロモーションの視点から整理してみよう。

まず，ヘルスプロモーションの活動方法の一つ，**ヘルスサービスの方向転換**から，保育は施設，たとえば保育所のみで行われるだけでは不十分で，地域での活動が必要とされている。また，保育の専門家による活動（サービス）のみでなく，素人（非専門職）の活動が重要である。これらは，保育所という施設から外へ出て，地域の人々を巻きこんだ保育活動が必要であることを意味している。

次に，ヘルスプロモーションを子育て支援活動に当てはめた場合，子どものWell-beingを達成するためには，子ども自身へのアプローチのみだけではなく，政策を含めた環境づくりと子育て仲間の育成（地域活動の強化）が必要である。つまり，母親等の保護者の組織化と地域住民の多様な組織活動との連携が期待される。

近年，子育て支援の資源として保育所や児童館等のサービスが期待されている。これには子どもの保育だけでなく母親を含めた子育て環境へのアプローチが含まれており，母親の組織化，地域の住民組織との連携など，地域へのはたらきかけが保育専門職に求められていることを示している。つまり，保育士にもコミュニティワーカーとしてコミュニティ・オーガニゼーションを展開することが必要である。

2 地域援助技術の原則と展開過程

1. 地域援助技術の原則

高月（1995）によれば，コミュニティワークの原則は次のとおりである。コミュニティ・オーガニゼーションについても同様と考えられ，筆者が重要と考える順に示す。

(1)　住民主体

地域の課題や問題解決に，住民が全体的に取り組むように側面的に援助していくことが重要である。住民不在の組織化や活動展開が行われる事例が見受けられるので注意する。

(2)　プロセスの重視

組織化（組織をつくること）ができればよいという考え方ではなく，組織化の過程で生み出される活動や住民の変化が重要である。したがって，課題，問題把握，計画策定，実行，評価のプロセスを重視し，組織化を図ることが原則である。

(3)　課題の総合的把握

地域の問題を総合的にとらえるということで，地域の保健福祉ニーズの顕在化を図り，課題を明確にすることである。

(4)　地域特性への対応

個人がそれぞれ違うように，地域もそれぞれの特徴が違っている。したがって，地域の主体性を尊重すること，また住民の自主的参加を尊重することが重要とされる。

(5)　社会資源の巻きこみ

人材，施設，保健や医療などの制度や資金などさまざまな社会資源を調整し，結合し，計画して組織化していくこと，つまり多様な社会資源を巻きこみ，展開することが重要である。

2．地域援助技術の展開過程

地域援助技術及びコミュニティ・オーガニゼーションの展開過程は，図･表6－3に示すように，問題把握（地区診断）→対策計画→計画実施→活動評価（記録）である。これは，Plan Do See（PDS）やPlan Do Check Act（PDCA）サイクルと同様である。注意すべき点は，閉じた円（サイクル）ではなくラセン形に展開されること，つまり継続させることが重要である。

図·表6－3　コミュニティ・オーガニゼーションの展開過程（PDCAサイクル）

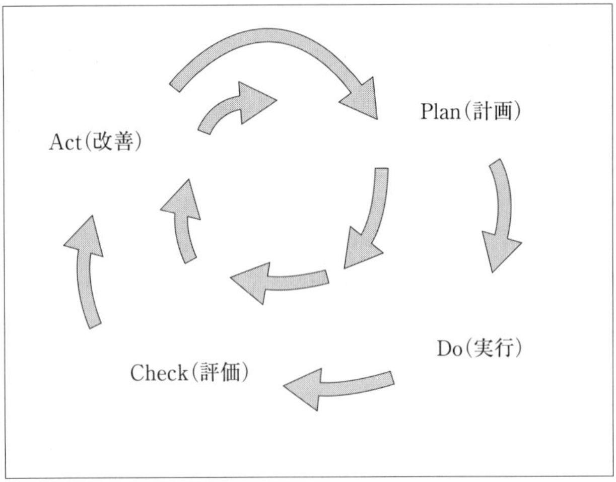

（1）　問題把握（地区診断）

地域の統計資料や調査を用いて地域の状況を把握することであるが，数字だけでは把握できるものではない。地域へ出て住民（対象者）と話したり，聞いたりして，地域のニーズを発見することが大切である。

（2）　対策計画

組織化や社会資源の調整などの計画を立てる。組織化の方法やアプローチ方法を検討し，育成計画を立てることが必要である。

（3）　計画実施

組織化を進める第一歩は，キーパーソンへのアプローチである。アプローチ方法によっては，他の組織へのはたらきかけが必要になるので，動き出す前に図·表6－4にある項目に基づいて地域にある住民組織を把握しておくことが重要である。

（4）　活動評価

評価には，計画の進捗状況をチェックするモニタリングや現状把握の**アセスメント**，活動の成果（エバリュエーション）としてアウトプット，アウトカムなどがあり，適宜実施する必要がある。

図･表6－4　組織のプロフィールメモ

①	名称
②	活動目的
③	設立年月日
④	活動，組織化のきっかけ
⑤	役員選出方法と現役員氏名
⑥	組織機構（組織図）
⑦	活動方法（内容）
⑧	規約または会則
⑨	予算内容（補助金等を含む）
⑩	行政との関係（行政の担当セクション）

（5） 記録

組織化の過程や出来事，状況を記録しておくことは，コミュニティ・オーガニゼーションでは重要である。コミュニティ・オーガニゼーションのプロセスは多様で，対応もケースバイケースのことが多い。したがって，記録をもとにした情報交換やスーパーバイズを受けることが必要となってくるため，必ず記録する必要がある。

3　地域援助技術の具体的手法

ここでは，組織化の具体的方法とその際，留意することについて述べる。なお，組織化を進める専門職であるコミュニティワーカーを「組織を育成する者」という意味で単に「育成者」という。

1．組織化の方法

組織化のアプローチには，地域住民あるいは対象者集団に，必要性の認識から組織化を進めるオーソドックスな方法と，既存組織を活用した組織化などがある。本来は前者のオーソドックスな方法が進められるが，組織化ができても活動が展開されないと意味がない。したがって，地域特性や状況によって早く組織を結成させ，活動を展開するなかで，組織メンバーの意識を変化させる方法も必要である。

広範囲な地域（市区町村）において，各地域の組織で構成された連合会は，地域の組織による活動が十分展開されてから結成すべきであり，連合会が各地域の活動を規制するものではない点に注意する必要がある。

また，各種組織・団体の代表を集め，連絡・調整機能を発揮させる協議会は形だけの連絡・調整になる傾向があり，この場合の連携は難しい。なぜなら，連携には信頼関係が不可欠で，そのためには，協働活動が必要であり，この協働活動の過程で連携が生まれるからである。

現在のコミュニティ・オーガニゼーションでは，連絡調整型の協議会の組織化ではなく，地域の問題解決を目的とした組織化が特に重要である。

(1) 組織化のプロセス類型

組織化のプロセスには，前述したとおり大きく２つのアプローチ方法がある。オーソドックスな，地域住民あるいは対象集団にはたらきかけて組織化を進める方法が，「住民主体のアプローチ」である。もう一つ，既存の組織にはたらきかけて新しい組織の機能をもたせ，活動のなかから新しい組織を誕生させる場合や，その部会としての○○会△△部として活動を展開するアプローチ方法が，「既存組織活用アプローチ」である。

また，住民主体を意図的に仕組んだ形として，保健福祉行政や育成者が組織育成を目的に組織構成員候補者を養成したり委嘱したりして，その人を集めて組織をつくり，活動を展開しながら自律した組織に成長させる「委員型・行政主導アプローチ」がある。また，まったく住民主体の自主的な組織，ボランティアによる組織なども考えられる。

従来のコミュニティ・オーガニゼーションで，主だった協議会形式の組織化のアプローチ方法もあるが，一般に広域でのケースとなる場合や連絡調整のみの会議を目的とする場合が多いため，ここでは，より実践的な組織化の３つのプロセス「住民主体のアプローチ」，「既存組織活用アプローチ」，「委員型・行政主導アプローチ」を中心に説明する。

■住民主体のアプローチ

必要性の認識，つまり問題発見から活動展開において，組織化がなぜ必要であるのか，育成者がまず認識する。そしてキーパーソンを中心に地域住民や対象集団にはたらきかけ，組織化の必要性を理解させる。

組織化を進める過程で，学習などにより問題や課題を顕在化させ，組織化を進めながら活動を展開する。この場合，育成する側と活動する住民の役割分担，指示や依頼ではなく，住民が主体的に活動するように支援することが重要である。育成者の下請けや行政依存にならないよう気をつけることが大切である。

キーパーソンとなる人材の発掘と育成者の姿勢と対応がポイントで，組織化を左右する。育成する専門職のスキルや力量が求められる方法である。

■既存組織活用アプローチ

現在の地域にある住民組織について，その構造と機能からそれぞれの特徴をみると図･表6－5のとおり，「委員型」「地縁型」「自助型（ライフ・ステージ型，健康問題型）」「ボランティア型（行政育成型，自主型）」「ネットワーク型（協議体型，子育てネットワーク型）」がある。

地域組織としては，委員型，地縁型，ボランティア型（行政育成型），ネットワーク型が考えられる。子育てネットワークは当事者組織的な性格をもつが，地域社会の保健福祉向上のための活動を展開し，つながりが緩やかという特徴をもっている。この活動が発展してNPO法人になるものもある。

また，近年，子育てネットワークが増加しているが，子育て支援にかかわるネットワークは図･表6－6にあるように，支援ネットワークと子育てネットワークがあり，注意して区別しておく必要がある。小地域での福祉活動を行う地区社協は，ネットワーク型の子育てネットワークに近いタイプであるが，委員型・行政主導型的性格をもち，行政との関係は深い。

これらの既存組織を活用し組織化を考える場合だけでなく，住民主体の組織化を進める場合にも地域の住民組織はすべて状況を把握しておくことが，有用である。このとき，前述の組織のプロフィールメモ（図･表6－4参照）の項目について組織別にまとめておくと便利である。既存組織から組織化を図る場合，本来の組織の目的との整合性をよく検討すること，次に組織に負担をかけない

図･表6－5　住民組織の分類と特徴

組織形態		組織例	参加形態	関係図	行政との依存関係
委員型		母子保健推進員会 保健協力員会	委嘱	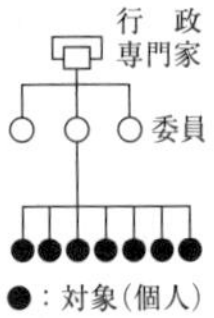	多い
地縁型		愛育班，婦人会	推薦・順番	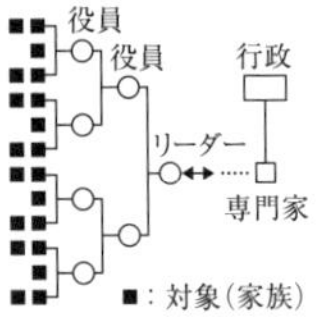	やや多い
自助型（当事者型）	ライフ・ステージ型	育児グループ 母親グループ	当事者またはその家族	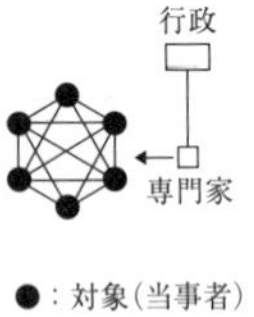	やや少ない
	健康問題型	親の会，患者会		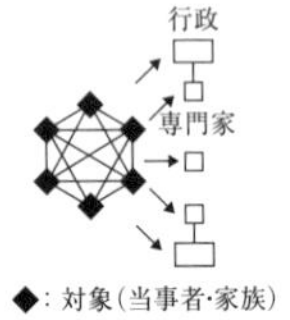	やや少ない
ボランティア型	行政育成型	食生活改善推進員協議会	任意	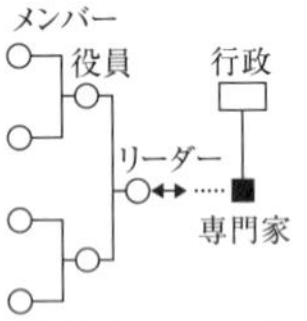	やや多い
	自主型				少ない
ネットワーク型	協議体型	愛育会連合会， ○○団体連絡協議会	関係機関		多い
	子育てネットワーク型	子育てネットワーク	組織・個人	多様	少ない～ 多い 多様

（出典：小山修『地域母子保健事業』母子保健情報34，恩賜財団母子愛育会，1996年，p.49の原図を改変）

図･表6-6　子育て支援のネットワーク

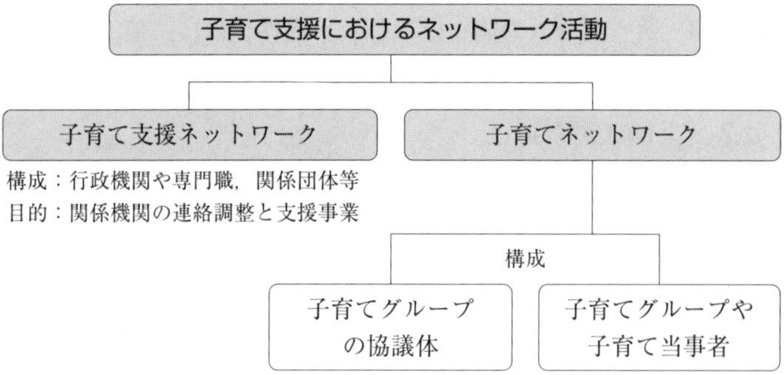

ようにし，早期に分離するなどのはたらきかけが必要である。

■委員型・行政主導アプローチ

委員型・行政主導アプローチは，組織構成員が行政から委嘱された委員や行政が養成講座等を開いて修了した者などによる組織化なので，短時間に組織をつくることができるメリットがある。反面，行政への依存傾向が強くなる可能性があるので，注意が必要である。また，行政主導型のボランティア組織の場合，このタイプと類似した課題をもつこともあり，かかわる専門職の動きが重要である。

(2)　自主的組織（独立，自律化）への転換

既存組織活用アプローチや委員型・行政主導アプローチによる組織化の場合は，独立化，自律化が大きな課題である。育成者として育成支援にかかわる始めから，独立化，自律化を前提にかかわることが重要である。育成者がこの姿勢で支援をしない場合，行政の下請け機関や末端組織になってしまい，コミュニティ・オーガニゼーションの目的から外れてしまうので注意する必要がある。

2．活動評価

評価には，アセスメント，モニタリング，エバリュエーションがある。地域組織活動の状況を事前にチェックするアセスメント，活動の進行状況を監視するモニタリング，エバリュエーションには，実績としてのアウトプットと地域

組織活動の成果を評価するアウトカムがある。活動の評価は，活性化に重要な役割を果たすが，アウトカムの測定は難しい。活性化には，地域組織活動の状況をチェックし，問題点を明確にするアセスメントが必要である。

(1) アセスメントの重要性

軌道修正や活性化の必要性を確認するために，活動のアセスメントを実施することが有用である。アセスメントの方法として，規約・会則と現実の活動等との相違，複数年にわたる総会資料による年間活動のチェック（PDS，PDCAサイクルのチェック），地域組織のメンバーや地域住民の認識状況のほか，活動によるメンバーの変化を計る「活動成果指標尺度」や期待する地域組織活動のリーダー行動をみる「SO式LSHP」などを使用する方法がある。具体的なアセスメント成果を示すことが，活性化を促す機会となる。

(2) アセスメントの方法

■地域組織のリーダーとメンバーの病気

地域組織リーダーのあり方が地域組織活動の展開を左右する場合が多い。リーダーの行動についての問題については，図･表6－7にあるとおりである。年に一度健康診断としてチェックするとよい。このような問題点を把握し，進路変更を促す，改善を図るよう支援することが育成者の役割である。

■地域組織活動のリーダー行動（SO式LSHP）と活動成果指標尺度

組織リーダーの行動については，三隅（1986）の「PM理論」のほか，メンバーの期待と現実から評価する「SO式LSHP」がある。

SO式LSHPは，メンバーに活動方法についての指導や組織維持の行動である「トレーニングと指導（TI）」，メンバーの意見を吸いあげる「民主的行動（DB）」，権威的ですべて自分で活動を決定する「権威的行動（AB）」，活動以外でも相談にのるなど信頼関係をつくる「社会的援助（SS）」，よい活動をほめ，やる気を起こさせる「フィードバック（PF）」の5次元を測定する尺度である。

図･表6－8に示したように，特に「フィードバック」や「社会的援助」がメンバーから期待されていることが明らかにされつつあり，地域組織リーダーの行動を調整することが必要である。

図・表6-7　地域組織のリーダーとメンバーの病気

リーダーの5つの病気

平目病：いつも上ばかり見ている
請負病：独断で仕事や活動を請け負う
万年行事病：計画，実践，評価のサイクルもなく行事ばかり
バカ殿病：自分にとっておいしいこと，楽しいことだけつまみ食い
人の足を引っ張る病：代案もなく，けちをつける，批判ばかり

メンバーの3つの病気

無自覚病：何を，なぜ，どう活動するかわからない，順番だから
タレント病：一人相撲，ルール無視の活動，発言
同情病：自分中心の同情をひこうとする，気に入らない人の批判をする

（出典：全国社会福祉協議会「明るい町づくり運動」会報33号，1989より）

図・表6-8　期待するリーダー行動の比較

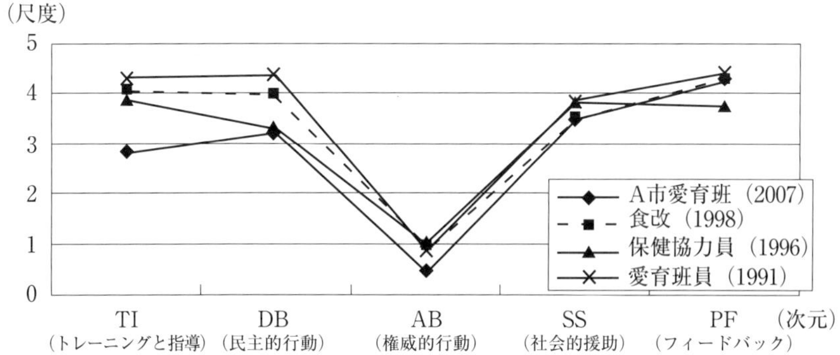

（出典：斉藤進・森川洋『地域組織活動の活性化に関する一考察』日本子ども家庭総合研究所紀要第43集，日本子ども家庭総合研究所，2007年，p.280）

活動を評価する一方法として，組織メンバーの変化を測定する「活動成果指標尺度」がある。仲間づくり・友人づくりにつながる「人とのつながり」，地域への帰属感や役割意識としての「地域社会への貢献」，「運営の活性化」，「健康行動」，「専門職・行政との関係」の5次元をもとに活動によるメンバーの変化を計る尺度で，地域組織活動参加前後や他組織等との比較によって評価し課題を明らかにする方法が研究されている。

3．活動の継続と活性化

（1） 軌道修正と活性化

地域組織活動を展開する組織の支援を担当する育成者は，組織の外部リーダー的存在として行動する必要がある。常に目的から活動がそれていないか，活動が低迷していないかなど，チェックすることが重要である。会長など組織のリーダーをはじめ幹部役員の考えで方向が間違ってしまう場合もあるので，この場合は，軌道修正を促すように支援する。活動が低調な場合は，その打開を図るように支援する。

このようなケースは，活動を始めてある程度の期間を経過した，いわゆる歴史ある組織に多くみられる。役員の交代を積極的に支持し，メンバーとのかい離を防ぐような支援が求められる。

（2） 任期と後継者

行政担当者や専門家によっては，役員は長期に交代せず活動するように育成するケースもあるが，組織化初期の場合を除き，規約に決めた任期で交代するようにすること，また歴史ある組織の問題点である形骸化した活動の防止には，長くても2期で止め，それ以上継続させないように支援することが大切である。

（3） 行政，専門職（ワーカー）との関係

行政，専門職（ワーカー）を育成者とし，地域組織活動のメンバーとの関係は，親子関係と同様である。役員やメンバーとの年齢は関係なく育成する者とされる者として，それぞれの役割を認識する姿勢を守るように心がける。

（4） 活動記録

多様なケースが存在する地域組織活動には，その育成と支援方法についての多くの情報が有用である。したがって，記録は非常に重要なものである。記録には，地域組織活動側の総会資料と育成者が記録するかかわり方の記録がある。特に，育成者のスキルアップには，どんな状況で，だれにどうはたらきかけたか，その結果はどうであったか，を記録しておくとよい。これらの記録方法として「グループ支援記録票」（齋藤他，2002）等があり，活動状況を振り返るために有効である。

4．地域子育て支援における保育者の役割

ここでは，前述の地域組織活動の育成について，保育士の具体的なかかわり方の一例を述べる。近年，子育て不安や子育てに自信のない母親が増加し，いわゆる子育て問題のハイリスクとともにグレーゾーンの増大が大きな問題となっており，子育て支援の課題となっている。

この対応として母親への共感，仲間づくりに有効な子育てひろば，サロンなどのひろば事業が実施されている。これらのひろばから子育てグループや子育てネットワークへの組織化が必要である。この事業では保育士のかかわる場合が多く，その役割が期待される。

（1）　地域組織活動の組織化を常に意識する

行政やNPO，保育所，児童館等でひろば事業が開催される場合，保育士が担当することが多い。ノンプログラムで開催する場合がほとんどであるが，プログラム型の場合もある。いずれの場合でも参加した親子同士のつながりを結ぶのが保育士の一つの重要な役割である。このとき，将来これらの人たちを中心に組織化を進めることを念頭において事業を展開することが必要である。

（2）　キーパーソンを見つける

子育てひろばやサロン，子育てグループからの組織化には，核となる人（キーパーソン）の存在が重要である。保育士は，事業を実施するなかでキーパーソンを見つけ，信頼関係をつくり，組織化を図るようにはたらきかける。また，地域で活動する地域組織・団体との関係をつくり，既存組織からの組織化を図る一方，子育て支援活動における連携調整を図ることが，保育士のこれからの役割の一つである。

（3）　地域組織活動の方向を調整する

組織化が進み，活動が展開されるようになってからの保育士の役割は，**パートナー関係**を保持しつつ，活動の方向性を確認し，支援を継続することにある。特に活動のアセスメント等の評価を行い，軌道修正の助言を行う。歌舞伎でいう黒子が保育士の役割である。

特に地域組織リーダーとの関係は重要で，組織の運営を円滑に進めるために，

地域組織リーダーの行動に注意し，組織メンバーの期待するリーダー行動となるよう助言する役割がある。組織のリーダーに期待される行動については，前述のSO式LSHPの項目を図･表６－９に示した。

地域組織の事業については，PDCAサイクルを参照し，年に１度は活動の状況を確認するように指導することが重要な役割である。

4　育成者，コミュニティ・ワーカーに必要な技術

1．身につけたい基本スキル

ワーカー，育成者に必要なスキルとしては，図･表６－10のことがいわれている。

①から④までは専門分野として当然ともいえるが，コミュニティ・オーガニゼーションに欠かせないスキルとして，⑤のコミュニケーションスキルがあり，積極的に磨いておくことが必要である。

2．組織化するときの心構え（育成者の心得）

次に，実際に育成に当たっての具体的なポイントを述べる。

① 人とのつながりをひろげる……多くの人を知り，声をかけたりかけられたりするようにFace to Faceの関係づくりに力を入れること。また，キーパーソンを見つけること。

② 日常業務で信頼関係をつくる……多様な場面，日常で共感したり，相談にのるなど信頼関係を築くこと。

③ やる気を起こさせる（活動を評価する）……ほめる，出番をつくるなどやる気を起こさせること。**自主性**，**主体性**を育てる意識をもつこと。つまりワーカーがすべてを行ったり，提供したりせず，考えてもらう，実践してみてもらうことが大切である。また，役員の顔を立てることにも配慮すること。

図·表6-9　SO式LSHPの5次元の項目

● トレーニングと指導（TI）
・すべてのメンバーが能力を十分発揮できるように心がける
・メンバーの各々に地域での活動や役割について説明できる
・活動方法と技術をメンバーに指導できる
・メンバーの長所や欠点を適切に指導できる
・個人個人の努力がうまくかみあうように配慮できる
● 民主的行動（DB）
・重要なことは実行する前にメンバーの承認を求める
・地域活動の意志決定にメンバーも参加させる
・活動方法について提案するようにメンバーにすすめる
・活動目標はメンバーの合意のもとに決めさせる
・メンバーに自主的な活動を促す
● 権威的行動（AB）
・メンバーや関係者と相談せずに指導する
・自分のすることをいちいち説明しない
・何事も妥協しないことが多い
・メンバーから距離をおき，毅然としている
・反論を許さないような態度で話す
● 社会的援助（SS）
・メンバーの個人的な問題の解決に力をかす
・メンバー間の摩擦をなくすように努める
・地域活動以外の場でもメンバーの面倒をよくみる
・メンバーに信頼されるように努める
・メンバーとうちとけた関係をもつように努める
● フィードバック（PF）
・功績をあげたメンバーがいたら他のメンバーの前でほめる
・メンバーが特によい意見や活動をした時にはほめる
・よい活動や意見を出した時，それに応えるように心がける
・メンバーがよい活動をしたら，自分の喜びの気持ちを表す
・ほめるべきところはほめる

図·表 6 -10　コミュニティ・ワーカーに必要な技術

①	制度や組織全般についての理論的な理解
②	特定の制度体系，例えば，保健・医療サービス，社会福祉サービス，教育制度など，についての具体的な知識
③	問題解決を目的とする接近
④	分析能力
⑤	対人関係およびコミュニケーションの技術を持っていること

（出典：ロバート・パールマン，アーノルド・グリン（著）岡村重夫（監訳）『コミュニティー・オーガニゼーションと社会計画』全国社会福祉協議会，1980，p.14）

④　役割と立場を明確にする……組織の外部リーダーという認識をもつこと。方向づけや軌道修正は育成者の役割である。ただし組織のリーダーではない。したがって，指示したり命令したりする立場や役割でもない。パートナーという認識，つまり対等関係をベースにおいて育成にあたること。

⑤　目的や活動内容を小出しにしない……内容を小出しにしない，できる範囲，無理のない範囲から活動するが，そのラインは住民が決めること。

⑥　プロセス重視と住民主体……プロセスが重要であることを常に意識すること。地域組織活動は住民が主（住民主体）であることと活動することが重要であることを認識しておくこと。

⑦　組織は生き物……組織は生き物と同様，常に変化している。したがって，そのときに応じた対応が求められること。活発な活動を展開しているから大丈夫ということはなく，常に状況を把握しておき，軌道修正など育成に当たることが必要である。

トピックス6：児童厚生員（保育士）が行うコミュニティワークの事例

―児童館菜園づくりをきっかけとしたネットワークづくり(北海道中標津町)―

児童館菜園づくりを通して，児童館と接点をもたなかった地域の子どもたちと地域の人たちのネットワークづくりをはじめ，地域組織活動への発展が期待される事例を紹介する。

北海道中標津町は，北海道東部の根室管内を中心に位置し，酪農を基幹産業に商業も栄えており，人口減少はみられない。2006(平成18)年，児童館，保育園，手当て等の児童業務が「子育て支援室」に一本化され，子育てを総合的にサポートしている。6か所の児童館があり，放課後児童クラブや体験型事業，子育て親子の支援などが行われている。

近年，中標津町においても，核家族化や車社会，携帯・パソコンの普及による情報環境の変化は，地域力を低下させ，人とかかわらない，見合わない地域に変わったきた。この地域の状況は，便利で気軽な反面，子どもたちの見守りがないといった人間関係の希薄な環境となって，子育てや子どもの健全育成によい環境とはいえなくなってきた。

このため，子どもたちを見守っていく地域力の再構成を目的に児童館での菜園づくりが開始された。地域住民を巻きこんだ児童館まつりは実施しているが，地域の住民が児童館に足を運ぶことは少ない。この事業では，それ以上のネットワークを組織することを重点にしている。

児童と地域住民が一緒に土を耕し，ものを育てることを通して交流していく菜園づくりを開始するにあたり，町内会の代表に個別に趣旨を説明し，理解と協力をお願いする。同時に，町内にある農業高等学校や道立農業試験場，農業協同組合にも協力をお願いした。

まずは，畑づくりである。地域住民の協力者と児童館児童から選抜したメンバーが，農業学校の生徒から畑づくりの基礎を学びスタートした。しかし，土の搬入から苗植え，毎日の虫取りや水やりなど，初めてのことばかりでいろいろな壁が立ちふさがり，簡単ではなかった。この壁を越えるために地域のたくさんの人たちが支えてくれた。そして，秋には，地域で一丸となって育てた野菜を収穫することができ，収穫祭を合同で開催することができた。この菜園づくりを通じて地域の住民や学校とのネットワークが育ちつつある。

また，従来からある児童館の母親ふれあい交流事業から生まれた5つの子育てグループのネットワークや，父親のボランティアによるスポーツ交流事業とのネットワークもつなげるようにはたらきかけている。

この事業を通して，子どもたちとかかわり，何かしたいという地域の人たちがたくさんいること，児童館は異年齢が交流できる福祉施設であることがわかった。そして，地域の力を利用して多様なネットワークづくりが可能で，児童館はその情報発信やはたらきかけができることを学んだと報告されている。

また，今後の課題として，児童館が地域中心となってネットワークをひろげていくためには，児童育成のみならず広い視野と行動力が求められていること，さらに一時的なネットワークにしたくないことが述べられている。

本事例は，住民主体のアプローチによる組織化で，地域住民を巻きこみ，主体性を育てつつ，また地域の社会資源を有効に活用するなど，コミュニティ・オーガニゼーションの原則がよくわかり，参考となる。今後，このネットワークづくりから地域組織活動への展開が期待され，今後の経過に注目したい。

（資料：こどもの城企画研修部編「みんなで子育て」児童館を拠点とした子育てネットワークづくり事業報告書，平成20年２月）　（斉藤　進）

演習問題

A．コミュニティ・オーガニゼーションの定義，原則をまとめよう。

B．子育てひろば（フリースペース）に集まる母親を組織化するプロセスを考えてみよう。

C．父親を巻きこんだ地域組織活動の展開を計画してみよう。

7章 保育士としての専門性と社会福祉援助技術

本章では，専門職という視点から保育士の業務をとらえ，その特性と求められる機能についての理解を深める。

保育士が専門職として機能するには，その価値に基づく実践が求められる。その基本には，「全国保育士会倫理綱領」に明記される保育士としての専門職倫理がある。それをふまえた援助の基本姿勢を確立し，保育技術に根ざした保育指導実践を行うための基本事項の理解及び体得をめざす。

1 社会福祉専門職としての価値と倫理

1．社会福祉専門職としての保育士

保育士は，児童福祉法に定められた国家資格である。児童福祉法は社会福祉の具体的な実施について定められた社会福祉六法の一つであり，保育士は社会福祉領域に位置づけられる資格である。

社会福祉領域には，社会福祉主事や児童福祉司等，多くの専門職が存在し，それぞれの職務を遂行するにあたって必要な条件が設定されている。そのなかでも，身分法に基づいた国家試験及びそれに準ずる検定試験に合格した者や，特定の養成施設を修了した者に与えられるものが資格である。社会福祉専門職の資格は，社会福祉士及び介護福祉士，精神保健福祉士，そして保育士の４つ

に限定される。

わが国の社会福祉は，1990年代後半から社会福祉基礎構造改革によって大きな転換が図られてきた。改革の大きな柱である「保護から自立へ」，「利用者が主体となる福祉」，「福祉サービスの質の向上」などは，児童福祉分野でも児童福祉法の改正などに反映された。

山縣（2002）は，この改革によって児童福祉分野に求められた援助観を「本人主体で考えていく，主体性の援助観である」と述べる。また，子どもは愛され，保護されるといった受動的権利と同時に，意見表明権など能動的権利を有する権利の主体である，という子ども観を示した子どもの権利条約からも，わが国の児童福祉改革は大きな影響を受けた。

今日，保育領域においてもこのような援助観のもとに質の高い実践が求められる。それは，保育士が社会福祉の一分野である児童福祉に位置づけられる専門職であるためである。

保育士は児童福祉法第18条の４に規定の登録を受け，「保育士の名称を用いて，専門的知識及び技術をもつて，児童の保育及び児童の保護者に対する保育に関する指導を行うことを業とする者」と定められる。保育士は，対象者の直接処遇にあたるケアワーカーであり，社会福祉の専門機関で相談援助業務を担う社会福祉士等とは異なる。社会福祉専門職は，それぞれが独自の役割を担う。

社会福祉士は相談援助業務（以下ソーシャルワーク）を主として行い，保育士は保育と保育指導を行う。ソーシャルワークとケアワークに，あえて優劣をつける必要はない。それは互いの専門性の違いから生じる業務形態の相違である。

メイヤロフ（Mayeroff, 1971）は，ケアを「相手が成長し，自己実現することを助けることであり，展開を内にはらみつつ人に関与するあり方」と述べる。ここからは，保育士は18歳以下の児童とその保護者に対し，専門的知識と技術をもって直接関与することで相手の成長を援助する社会福祉専門職の一つといえる。

保育士資格を有することで，保育所をはじめ児童養護施設等の児童福祉施設や障害児施設など，さまざまな福祉施設に勤務することが可能である。実際は，児童福祉施設に勤務する保育士のほとんどが，就学前児童を対象とする通園施設である保育所に勤務している。

2．保育士と教育

保育士養成は，現在その多くが幼稚園教諭免許の取得と並行して実施されている。そのため，保育士は「教育者である」と，認識されている向きもある。

保育所保育指針に「保育とは養護と教育が一体化したものである」と明記されているため，保育士は教育を行う者と解釈することも可能であるが，教育はあくまでも保育のなかに存在するものである。養護と教育が一体化した保育を行うのが保育士である。

児童福祉法においては，保育士の業務を「**児童の保育及び児童の保護者に対する保育に関する指導**を行うこと」と規定する。ここでの対象である児童と保護者は，教育の対象ではなく，福祉の対象である。保育士が福祉の対象である児童と保護者に対して保育及び保育指導を行う際に，一部の要素として教育が位置づくと考えるのが現実的である。

3．専門職とは

ここでは，専門職としての保育士について考える。多種多様の職業があるなかで，それぞれの職業の専門性をどう認めるかについては，次の6つが必要とされる。

ムーア（Moore，1971）によると，①職業が明らかに確立されていること，②名称による拘束が存在すること，③組織団体を構成していること，④特別の教育・訓練を必要とすること，⑤サービス志向であること，⑥自律性があること，を専門性の基本とする。

つまり，一つの職業が専門性を有しているかどうかの判断の基準に位置づくものは，①その職業が社会的に承認されていること，②一定の制度に基づく資格があること，③専門職団体の有無，④養成に決められた課程があること，⑤その仕事は公共サービスに位置づけられること，⑥職業倫理が確立していること，となる。

さらに，その職業が社会から「専門性を有している」と認められるだけではなく，一つの専門性を共有する人々によって専門職として確立されるために，新保（2001）は，次のより厳格な５つの要件を挙げる。

① 準拠する理論が体系的であること

② 理論的基礎に立脚した特殊技術を，適切な教育または訓練によって習得していること，及びその技術は伝達可能なこと

③ 専門的権威を有すること

④ 職務に関する倫理綱領があること

⑤ 専門的教養（学識，科学または高度の知識）があること

これらは専門性を有する職務に携わる者自身が専門職を自覚し，自ら確立していくために必要なことがらだといえる。それには，体系化された理論，それに基づく専門技術を習得するための養成課程及び資格制度が確立していること，職業倫理を明文化した倫理綱領の存在，そして，その専門性を担保するため自己研鑽に努めることが必要とされる。

保育士資格を取得するには，厚生労働省の指定する保育士養成施設で児童福祉法に定められた修業教科目を履修し単位を修得する，もしくは毎年実施される国家試験に合格する，２つの方法がある。いずれにせよ，一定の専門的知識及び技術の習得が必要となる。

保育士資格は，2001（平成13）年の児童福祉法改正によって国家資格化された際，有資格者以外が保育士を名乗ることは禁じられた。それは，登録を行った者のみが名乗ることができる**名称独占資格**である。同時に，業務上で知り得た個人情報を守ること（**守秘義務**）と，保育士の信用を傷つけるような行為（**信用失墜行為**）の禁止が義務づけられている。

また，保育所に勤務する保育士に限定されてはいるものの，「乳児，幼児等の保育に関する相談に応じ，及び助言を行うために必要な知識及び技能の習得，維持及び向上に努めなければならない」（児童福祉法第48条の３）と，保育指導に関する自己研鑽を努力義務として定めている。

このように，法的に定められた義務はもちろんのこと，法的に規定されておらずとも，専門職としてふまえておくべき事柄が専門職倫理である。保育士の

職能団体である全国保育士会は，2003(平成15)年3月に「**全国保育士会倫理綱領**」を採択した。

先に挙げた専門職である条件を考慮すると，今日，保育士は専門職としての確立の道を歩んでいる，といえる。

4．価値と倫理

(1)　専門職と倫理

先に述べたように，専門職であるためには，その専門職者間で確立された倫理観が必要である。実際に社会福祉士，精神保健福祉士や介護福祉士，そして看護師や臨床心理士など対人援助にかかわる専門職は，それぞれの団体で倫理綱領を定めている。

『広辞苑』は，「倫理」を「実際道徳の規範となる原理」と定義する。専門職としての倫理とは，専門職者としての行動の規範とすべき一連の価値である。

保育士等の対人援助に携わる専門職は，その行為が利用者の人権や人としての尊厳，生命ならびに発達などに大きな影響を与えるため，専門職倫理を学び体得することが必須となる。専門職としての倫理観が体現されたものが態度となり，それぞれの実践行為に反映されるためである。

倫理観，すなわちその行動の規範となるものが価値である。それは，専門職の行為に対し，単に規制をかけるためのものではない。その行為を方向づける哲学・思想・理念である。専門職にとって価値と倫理は非常に重要なものである。

(2)　保育士が基盤とする倫理

2008(平成20)年に改定された保育所保育指針では，第1章総則に，「保育所における保育士は，児童福祉法第18条の4の規定を踏まえ，保育所の役割及び機能が適切に発揮されるように，倫理観に裏付けられた専門的知識，技術及び判断をもって，子どもを保育するとともに，子どもの保護者に対する保育に関する指導を行うものである」と明記された。

また，第7章職員の資質向上においても，基本的事項の冒頭に「子どもの最善の利益を考慮し，人権に配慮した保育を行うためには，職員一人一人の倫理観，人間性並びに保育所職員としての職務及び責任の理解と自覚が基盤となること」と記されている。

これらは，国家資格を有する保育士の保育実践に，倫理観による裏づけがなされていることを明確に示すものである。

（3） 全国保育士会倫理綱領

2001(平成13)年の保育士資格の法定化を受け，保育所保育士・保育者の団体である全国保育士会は，2003(平成15)年3月に「全国保育士会倫理綱領」を採択した。倫理綱領について柏女（2004）は，「それを掲げる専門職が最も重要とする価値を実現するための具体的行動指標・規範であり，その専門職における価値と規範の共通理解を図るものであると同時に，利用者や他の専門職，そして社会に対する役割の提示や宣言としての意味も持つ」と述べる。

「全国保育士会倫理綱領」は，前文と8つの条文で構成されている（図·表7－1）。これによって保育所保育士及び保育者が行う援助の共通理念や原理，行動指標が，社会的使命と責務に照らし合わせて提示されている。

以下，それぞれの内容について，『全国保育士会倫理綱領ガイドブック』(2004）から詳しい説明を行う。

■前文

前文では，保育士の基本姿勢を提示する。児童福祉法及び子どもの権利条約に示される理念を受け，子どもの受動的権利と能動的権利を示し，子どもが権利の主体であるという認識のもと，**子どもの人権**を擁護する姿勢を明示する。そして，保育士は子どもの育ちを中心に考えること，次に子どもの幸せのために保護者及び家庭への支援を行うこと，さらに自らの使命・役割として家庭を取りまく社会へのはたらきかけを行うことがうたわれている。

■子どもの最善の利益の尊重

ここでは，保育士の行動の基本原理が示される。保育者としての言動はすべて，一人ひとりの「**子どもの最善の利益の尊重**」を目的とするものである。その実現に向けて，子どもを取りまく家庭や地域を含め，長期的視野のもとに福祉を図ることを明示する。これは，前文にも反映される児童福祉法はじめ，子どもの権利条約や児童憲章の精神に根ざすものである。

図・表7－1　全国保育士会倫理綱領

すべての子どもは，豊かな愛情のなかで心身ともに健やかに育てられ，自ら伸びていく無限の可能性を持っています。

私たちは，子どもが現在（いま）を幸せに生活し，未来（あす）を生きる力を育てる保育の仕事に誇りと責任をもって，自らの人間性と専門性の向上に努め，一人ひとりの子どもを心から尊重し，次のことを行います。

私たちは，子どもの育ちを支えます。

私たちは，保護者の子育てを支えます。

私たちは，子どもと子育てにやさしい社会をつくります。

（子どもの最善の利益の尊重）

1．私たちは，一人ひとりの子どもの最善の利益を第一に考え，保育を通してその福祉を積極的に増進するよう努めます。

（子どもの発達保障）

2．私たちは，養護と教育が一体となった保育を通して，一人ひとりの子どもが心身ともに健康，安全で情緒の安定した生活ができる環境を用意し，生きる喜びと力を育むことを基本として，その健やかな育ちを支えます。

（保護者との協力）

3．私たちは，子どもと保護者のおかれた状況や意向を受けとめ，保護者とより良い協力関係を築きながら，子どもの育ちや子育てを支えます。

（プライバシーの保護）

4．私たちは，一人ひとりのプライバシーを保護するため，保育を通して知り得た個人の情報や秘密を守ります。

（チームワークと自己評価）

5．私たちは，職場におけるチームワークや，関係する他の専門機関との連携を大切にします。

また，自らの行う保育について，常に子どもの視点に立って自己評価を行い，保育の質の向上を図ります。

（利用者の代弁）

6．私たちは，日々の保育や子育て支援の活動を通して子どものニーズを受けとめ，子どもの立場に立ってそれを代弁します。

また，子育てをしているすべての保護者のニーズを受けとめ，それを代弁していくことも重要な役割と考え，行動します。

（地域の子育て支援）

7．私たちは，地域の人々や関係機関とともに子育てを支援し，そのネットワークにより，地域で子どもを育てる環境づくりに努めます。

（専門職としての責務）

8．私たちは，研修や自己研鑽を通して，常に自らの人間性と専門性の向上に努め，専門職としての責務を果たします。

社会福祉法人　全国社会福祉協議会
全国保育協議会
全国保育士会

■子どもの発達保障

子どもの発達保障は，子育てについての唯一の専門職といわれる保育士固有の援助原理として位置づくものである。保育所保育指針に規定されるように，保育は養護と保育が一体となって行われる。保育を通して一人ひとりの子どもが，心理的・身体的・社会的なすべての面で健康である状態を備えるためのはたらきかけを行う者が保育士である。

子どもが育ちの主体であることを基本において，人的環境と物的環境を総合的・計画的に構成し，子どもの発達を保障することが明示されている。

■保護者との協力

ここでは，保育士の行う保護者支援の原則が述べられている。子どもの発達は，保育時間内のかかわりのみで保障されるものではなく，その保証のためには，子どもの24時間の全体像をとらえる視点が不可欠である。保護者と保育士は，子どもの24時間をともに担う存在である。そのため，保育を行ううえで**保護者とのパートナーシップ**は欠かすことのできない重要な要素である。

保護者や家庭の個別性を十分に理解し，自己決定の権利を尊重しながら，保護者の力を信じ，思いに寄り添い，対等なパートナーとしてともに子どもを育てることが子どもの「最善」を実現することにつながる。

■プライバシーの保護

プライバシーの保護については，児童福祉法第18条の22において保育士の義務として規定されている（保育士は，正当な理由がなく，その業務に関して知り得た人の秘密を漏らしてはならない。保育士でなくなつた後においても，同様とする)。また，個人情報保護法の観点からも，個人情報（生存する個人の情報であって，-中略-特定の個人を識別することができるもの）の扱いについても細心の注意を払う必要がある。

これらは対人援助を行う専門職として，当然の義務である。しかし，虐待などが疑われる場合の通告は，この限りではない。**虐待の通告**は国民としての義務であり，児童虐待防止法（第６条２－３）に，秘密漏示罪その他の守秘義務違反にはあたらないことが明記されている。

■チームワークと自己評価

ここでは，対人援助を行う専門職としての行動指標が示されている。まず，チームワークについて，職場内外での連携の重要性を挙げる。空閑（2007）はチームワークを，「グループを構成するメンバーが，仲間としての連帯意識を持ち，共通の目標達成に向け，各自の役割や責任の自覚と相互の信頼関係を前提にしながら協働作業を行うこと」と定義する。

保育所内では，施設長や調理担当者，看護師など保育士以外の職員との連携のもとに日々の保育が進められている。保育所に勤務する保育士以外の職種を担う職員との協働はもちろんのこと，保育現場では複数の保育士が交代しあって長時間にわたる保育時間を担う。子どもの生活をスムーズに継続し，保育の質を維持するために，職員間の連携は欠かすことができない。また，この連携が有機的に機能することが，子どもの育ちと保護者の子育てを支える営みを行ううえで重要である。

チームワークは，保育所内に限らず，地域に存在するさまざまな機関との連携においても重要である。その際には，**保育所の役割と限界**を認識したうえで他機関と連携を行うことが大切である。

次に，自己評価については，保育所保育指針の第4章「保育の計画及び評価　2保育の内容等の自己評価」に，その実施が明記されている（保育士等は，保育の計画や保育の記録を通して，自らの保育実践を振り返り，自己評価することを通して，その専門性の向上や保育実践の改善に努めなければならない）。

保育所保育指針の改定により，保育所には，よりいっそう計画的に保育を進めることが求められている。計画が有効に機能するには，**保育実践の評価**が非常に重要である。そのため，保育の自己評価は欠かせないものとして位置づけられている。

この自己評価は保育士個人に対する評価ではなく，あくまでも実践を評価するものである。自己評価とはいえ，できる限り客観的に評価を行うことが大切である。現実に即した評価を行うことで，保育の課題が明らかになり，次の実践がより充実したものになる。そのようなサイクルを確立し，保育の質を向上させることが専門職としての責務である。

■利用者の代弁

利用者の代弁は，利用者の権利擁護を目的として，社会福祉専門職が行うソーシャルワーク機能の一つである。したがって，これは保育士の行動指標を示すものといえる。ここでの「利用者」とは，保育所を利用する子どもや保護者だけではなく，地域のすべての子どもと保護者をさす。

子どものニーズの代弁は，子どもがそのニーズを言語化して社会に訴える力が弱いため，子どもの最善の利益を実現するべく，保育士が代弁を行うということになる。その際，単に表面的なニーズをとらえるのではなく，内面的なニーズを的確にとらえる必要がある。即時的に対応できることと，長期的な視野のもとで保護者や他機関との連携を行いながら対応することの両面を理解し，実践に反映させることが重要である。

同様に，保護者のニーズについても，現状や保護者の意向をくみながら，どのように保護者を支援していくかが重要になる。場合によっては，他機関や地域社会，行政など社会へのはたらきかけが必要になることもある。それが，「子どもと子育てにやさしい社会をつくる」ための最初のアクションになる。利用者の代弁は，子育てにかかわる唯一の専門職である保育士が担う「子どもと子育てにやさしい社会」をめざして行う責務の一つである。

■地域の子育て支援

現在，在宅養育を行う保護者を対象とする地域子育て支援事業は，**地域子育て支援センター**や**つどいの広場**をはじめ，さまざまなところで展開されている。そこには社会福祉士や保育経験者，保健師からボランティアまでさまざまな人が携わっている。保育所で実施する地域子育て支援は，そういった子育て支援事業の一つであり，保育士は地域子育て支援を担う専門職の一つである。

地域子育て支援を行う際は，地域全体のなかで行われている地域子育て支援事業から保育所が担うべきサービスを見極め，保育士の特性を生かした事業の展開が大切である。児童福祉法第48条の3，及び保育所保育指針の第6章「保護者に対する支援　3地域における子育て支援」に規定されるように，保育に支障がない限りにおいて，地域子育て支援を積極的に行うことが求められている。

■専門職としての責務

ここでは条文の最後を締めくくる意味で，専門職としての責務を宣言する。

これまでの条文に明記された内容を実践することが，保育専門職としての責務である。さらに，社会福祉に携わる専門職としての強い自覚と，自らの実践行為に対する責任をもち，専門的教養を高め，それによって保育実践の質を向上させることが必要である。ここで，保育士がその専門性に根ざして職務を行うことを自ら宣言する。

(4)　専門職である保育士の倫理と価値

先述のように，価値とは「**援助を方向づける哲学・思想・理念**」をさす。したがって，倫理綱領に示されるそれぞれの項目は，保育士による援助を方向づけるものである。これらは，保育士個人あるいは保育士集団にとって，一つひとつの援助の決定や行為を支える重要な基準でもある。保育士が，この価値について理解し援助を行うことが，専門職として実施する保育の質を担保する。

保育士の行う保育が何をめざして，何のために行われるのかについて，倫理綱領前文に示されている。それは，「子どもの育ちを支え，保護者の子育てを支え，子どもと子育てにやさしい社会をつくる」ことに集約される。

児童の養育の第一義的責任は保護者にあり，保育士は単にそれを代行する役割を担うものではない。専門職者としての倫理に基づき，専門的知識と技術をもって行う保育は，子どもの能動的な発達を保障し，保護者の養育力の向上に資すること，つまりは「子どもの育ちを支え，保護者の子育てを支える」ことを指向する。

育ちの主体である子どもに対しても，保護者に対しても，援助者として存在するのが保育士である。保護者とともに子どもを育てる保育士は，子どもにとっては，その育ちに欠かせない存在である。同時に，保護者にとっても保育士は子育てに欠かせない存在であること，つまり３者の１人として存在することに重要な意義がある。この３者においては，子どもと保護者が保育士の存在意義を支える存在であるともいい得る。

「子育てにやさしい社会」を構築するうえで，保育士が欠かせない存在となることは，社会が保育士の存在意義を支えることにもつながる。社会が必要とする保育士とは，単に子育て行為を代行する者ではなく，その専門職倫理に示された価値と専門的知識・技術を有する専門職である。

2　保育士の業務と社会福祉援助技術

1．保育士の業務

保育士の業務は，児童福祉法第18条の４に「専門的知識及び技術をもつて，児童の保育及び児童の保護者に対する保育に関する指導を行うこと」と規定されている。この「専門的知識及び技術」とは，保育所保育指針改定（2008）と同時に発行された『保育所保育指針解説書』に定義される，**保育士の６つの専門性**（図･表７－２）である。保育士の業務とは，この６つの専門性に根ざして行う，子どもに対する保育と，子どもの保護者に対する保育に関する指導（以下，保育指導）の２つである。

2．保育指導を行う保育士の姿勢

『保育所保育指針解説書』によると，保育指導とは，「子どもの保育の専門性を有する保育士が，保育に関する専門的知識・技術を背景としながら，保護者が支援を求めている子育ての問題や課題に対して，保護者の気持ちを受け止めつつ，安定した親子関係や養育力の向上をめざして行う子どもの養育（保育）に関する相談，助言，行動見本の提示その他の援助業務の総体」とされる。

ここで用いられる「指導」という用語は，保育士が，ある目的に向かって保護者を教え導くという意味ではない。保育士が受容，共感をもって行う援助によって，親子関係や保護者の養育力，つまりは「子どもを育てる力」をより充実させていくことをいう。子どもを育てる主体は保護者であり，その主体者が力をつけていくプロセスをともに歩むことが保育指導であるともいえる。

保育所保育指針の第６章「保護者に対する支援　１保育所における保護者に対する支援の基本」に明記される７つの支援の基本（図･表７－３）からも，そ

図·表7-2　保育士の専門性

①	子どもの発達に対する専門的知識を基に子どもの育ちを見通し，その成長・発達を援助する技術。
②	子どもの発達過程や意欲を踏まえ，子ども自らが生活していく力を細やかに助ける生活援助の知識・技術。
③	保育所内外の空間や物的環境，様々な遊具や素材，自然環境や人的環境を生かし，保育の環境を構成していく技術。
④	子どもの経験や興味・関心を踏まえ，様々な遊びを豊かに展開していくための知識・技術。
⑤	子ども同士の関わりや子どもと保護者の関わりなどを見守り，その気持ちに寄り添いながら適宜必要な援助をしていく関係構築の知識・技術。
⑥	保護者等への相談・助言に関する知識・技術。

図·表7-3　保育所における保護者に対する支援の基本

(1)	子どもの最善の利益を考慮し，子どもの福祉を重視すること。
(2)	保護者とともに，子どもの成長の喜びを共有すること。
(3)	保育に関する知識や技術などの保育士の専門性や，子どもの集団が常に存在する環境など，保育所の特性を生かすこと。
(4)	一人一人の保護者の状況を踏まえ，子どもと保護者の安定した関係に配慮して，保護者の養育力の向上に資するよう，適切に支援すること。
(5)	子育て等に関する相談や助言に当たっては，保護者の気持ちを受け止め，相互の信頼関係を基本に，保護者一人一人の自己決定を尊重すること。
(6)	子どもの利益に反しない限りにおいて，保護者や子どものプライバシーの保護，知り得た事柄の秘密保持に留意すること。
(7)	地域の子育て支援に関する資料を積極的に活用するとともに，子育て支援に関する地域の関係機関，団体等との連携及び協力を図ること。

れを読み取ることができる。子どもの利益を最優先することや，秘密保持などは保育士が当然のこととしてふまえる鉄則である。ここでは保護者との信頼関係や共感関係をもとに保護者を主体とした援助の姿勢を明示するとともに，地域内での機関連携についても意識づけがなされている。

さらに，橋本（2008）は，保育指導の基本姿勢をより具体的に提示する。そこには，①信じる姿勢，②傾聴，受容，共感の姿勢，③自信を支える姿勢，④協力する姿勢，の4つが挙げられる。まず保護者自身のもつ力を信じることから援助をはじめ，対等な大人同士として価値観の違いや方法を傾聴，受容し，理解に努める。そして，どんなに些細なことであっても，保護者が子どもの育ちを支えていることに着目し，親としての自信を支える。保育士は，子育てをともに支える者として心を合わせ努力する。

ここでは，保護者を子育ての主体として明確に位置づけ，援助者である保育士に不可欠な姿勢が示されている。これらの姿勢を体現したものが，保育指導に臨む態度となる。この４つの姿勢は，「親が親になっていく」プロセスを，保育士がともに歩むことの意義を示すものである。

３．保育士と社会福祉援助技術

保育士は社会福祉専門職の一つと位置づけられるため，保育士の業務である保育と保育指導に社会福祉援助に関する技術が援用されるのは，自然なことである。しかし，就学前期の子どもを対象とする通園型施設である保育所で実施される保育は，養護と教育が混然一体となって行われるというその固有性が強い。また保育所以外の児童福祉施設においても，成人を対象として発展してきた社会福祉援助技術がそのまま使用できるわけではない。

保育指導についても同様である。保育指導は，保育士の専門性に基づいて実施される援助行為である。保育指導には，社会福祉援助技術に重複する援助スタイルをとるものもあるが，両者は全く同じものではない。ただし，対人援助の基本事項には，対象の年齢にかかわらず通底するものがある。そういった対人援助の基盤のうえに，保育士特有の援助実践が形成される。したがって，保育士が社会福祉援助技術を基礎技術として学ぶことに大きな意義があることはいうまでもない。

3　保育士としての役割・機能の新展開

１．保育指導業務の展開

1990年代以降，子どもと保護者を取りまく急激な社会的背景の変化を受けて，

図·表7－4　保育者の技術

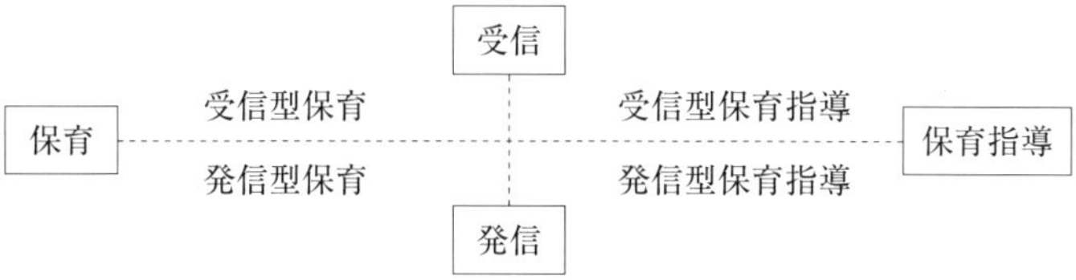

（出典：柏女霊峰『子ども家庭福祉サービス供給体制―切れめのない支援をめざして―』中央法規出版，2008年，p.211）

保育所保育指針はほぼ10年ごとに改定がなされている。その改定のたびに保育士の担う役割は，深化・拡大している。今日，保育士には，より高い専門性に裏打ちされた実践が求められている。今般の改定の一つの特徴は，保護者支援がより明確に打ち出されたことである。児童福祉法に規定された「保育指導」が，保育士の業務の一つとして位置づき，より現実的に機能することが求められている。

柏女（2008）は，保育士が有する保育技術及び保育指導技術には，それぞれ**受信型技術**と**発信型技術**の存在を提起する（図·表7－4）。

受信型保育指導技術とは，保護者の子育てに関する感情や行動の意味に気がつき，あるいは気を配り，それをそのまま受けとめることによって，保護者の子育てを支える技術である。受容，共感，傾聴などがこれにあたる。

発信型保育指導技術とは，保護者の子育てに関する感情や行為に意図的にはたらきかけることによって，保護者の子育てを支援する技術である。具体的には，支持，承認，助言，解説，情報提供，環境構成，行動見本の提示，体験の提供などが挙げられる。

ここで用いられる技術は，従来から日頃の保育を基盤に用いられていたもので，新たな技術を体得することが求められているわけではない。これらの技術を状況に合わせて意図的に活用することが重要である。保育指導は，保護者を教え導くものではなく，子育ての主体者として力をつけていく過程とともに歩むものである。このことから，これらの技術は意図的に，その一方で押しつけにならないよう，日常の一場面として活用されることが非常に重要である。

保護者から受信したニーズに対して，保護者を取りまく生活背景や社会関係をふまえ，今，何を必要とし，それをどのように保護者に届けるかを，冷静にかつ適切に判断することが求められる。この総合的な判断によって，援助の方向や方法を定めるのである。ケースワークの展開過程においてアセスメントが重要視されるのと同様に，保育指導のプロセスにおいてもアセスメントは欠かすことのできないものである。

保育指導は，先に述べた保育士の専門性を基盤として行われる。実際の保護者支援業務となるため，ここでは５つの保育士の専門性がその基盤となる。そのうえに，それぞれの場面で必要となる保育指導技術を組み合わせて保育指導実践が行われていく。

２．保育指導に用いる技術

橋本（2008）は，実際の保育指導に用いる５つの技術を挙げ，それぞれを定義する。⑴支持・承認，⑵助言・解説・情報提供，⑶環境構成，⑷行動見本の提示，⑸体験の提供，である。実践の際には，成人を対象に展開する技術であることに十分な配慮が必要である。先に挙げた保育指導の４つの基本姿勢である，①信じる姿勢，②傾聴・受容・共感の姿勢，③自信を支える姿勢，④協力する姿勢，に裏づけられることで，実践技術として意義をなすものとなる。

（１） 支持・承認

支持・承認とは，保護者がすでに行っている子育てにおける行為を承認し，保護者の行為によって生じた子どもの変化を伝えることにより，保護者を支持する技術である。これによって，保護者の努力や工夫が，子どもの育ちを支えていることを実感する機会を提供する。

（２） 助言・解説・情報提供

助言・解説・情報提供は，対人援助で用いられる技術である。保育指導で用いられる場合は，保育技術を基盤として使用される。情報提供は，家庭外での子どもの姿を伝える場合や，保育の知識や技術に基づく情報や地域の子育てにかかわる情報を提供する行為をさす。

保護者の子育て行為に対しての提案やさりげないアドバイスとしての助言，保育士や子どもの行為や状況を整理し，その意味を伝える解説を行うなど，保護者とのやりとりのなかで日常的に使用される。

その際に，保護者が検討できる範囲内での選択肢を提示することや，それぞれのメリット・デメリットを明確にしておくことで，保護者による現実的な検討が可能になる。また，助言や情報提供は，保護者が家庭で子育てを行う際に活用できる情報を選択し，提供することが求められる。

（3） 環境構成

環境構成とは，物理的環境を整備することによって，保護者が子どもの姿を確認できるようにしたり，子どもの活動に適切に関与できるように場や空間を提供したりすることをいう。子どもに対する保育環境を構成する技術を基盤に，保護者の視線や動線を意識して構成する保育指導のための環境，ともいえる。

（4） 行動見本の提示

行動見本の提示とは，保護者に対して，保育者が実際に子どもにかかわる姿を提示することである。行動見本は，「その行為」と「子どもとの関係」を保護者に渡すタイミングを見計らうことや，保護者がそれを取り入れられる範囲や程度を意識することが重要である。

（5） 体験の提供

体験の提供とは，保育士の介在のもとに，保護者が直接子どもとかかわる場面を提供することをさす。行動見本と同様，場面を渡すタイミングや保護者がその体験を取り入れられる範囲や程度に配慮する必要がある。保護者が保育士と同じように子どもにかかわる必要はない。あくまでも保護者と子どもとの関係性のもと，その保護者なりの行為が，子どもの育ちを支えることを経験する一場面の提供である。

保育士の有する5つの保育技術と，8つの保育指導技術（図･表1－3参照）を適宜組み合わせて実践されるものが保育指導である。保育指導の基本姿勢にのっとり，意図的かつ効果的に展開されることが求められる。

また，これらは保育場面，つまり**日常の場面において展開される**ものである。同時にそれは，保護者にとっても日常場面であり，保育指導のプロセスにおいては，保護者が「保育指導を受けている」ことを意識するわけではない。保育指導は対象者の日常場面のなかで，意図的にこれらの技術を用いて行われるものである。

子どもに対する保育場面でも，子どもが生活や遊び，および特定の5領域を意識するわけではない。日常場面を通して，養護と教育という側面から保育士が視点を定めて援助を行うことで，保育士は子どもの発達支援を行う。保育指導についても，同様である。柏女（2008）が，「保育士の専門性は生活総合性を基盤にするものである」と述べるように，保育士による援助とは，日常場面を通じて意図的に実施されるものといえる。

3．関連事業への保育業務の展開

保育ニーズが多様化している今日，子どもの育ちと保護者の子育てを支援するためのさまざまなサービスが展開されている。一時保育やファミリーサポートなど子どもへの直接的なケアを提供するサービスや，子育てサロンなど地域福祉活動の一環として社会福祉協議会などが進める子育て支援サービスをさまざまな人材が担っている。それぞれが特性と限界を理解し，子育て支援を進めることが「子どもと子育てにやさしい社会」を形成することにつながる。

保育所外で子どもと保護者を支援するソーシャルワーカーやコミュニティワーカー，そしてボランティアなどが保育業務の特性を知ったうえでそれぞれの業務にあたることも必要になる。保育士には，今後，そういった子どもと子育てに関連する事業を行う人々に対して，保育業務への理解を促すことも必要になる。それは，地域内での連携をより有効に機能させると同時に，社会が保育士の専門性を認知することにつながる。

その一方で現在，たとえば図書館に保育士資格を有する職員を配置して，図書館での子ども関連業務に携わるなどの取り組みが実施されている。保育士が，保育所外で専門性を発揮することが求められつつある。保育士は，子どもに対して養護と教育の視点からかかわり，その発達を支援し，保護者に対しては保育指導という固有の技術を用いて養育支援を行う専門職である。その保育士が，保育所に限らず社会のなかのさまざまな場所で，その専門性を発揮することが「子どもと子育てにやさしい社会」を形成するために有効な手段となる。

トピックス７：保育士としての価値と倫理

保育士として，保育所に勤めはじめた頃のことである。初めてクラス担任というものになり，出会った子どもたちが愛しくてならなかった。子どもへの愛しさが増すほどに，保育士１年生の目には，保護者の行動が身勝手に映った。

そのときの気分次第で子どもへの態度も変わる保護者。半日で帰ることを楽しみにしていた運動会の後，理由も告げずにさっさと園を後にする保護者。そうして残され，保護者と一緒にいたいと泣く子どもを抱きしめながら「どうして子どもの気持ちをわかってもらえないんだろう」「どうしたらわかってもらえるんだろう」，そんなことばかり考えていた。

今日も不機嫌にお迎えに来た保護者。私のひざから駆け降りた子どもは，笑顔で保護者に飛びついた。その笑顔を見て，保護者の表情が一瞬やわらいだ。「早くしてよ！」「またご飯作らなきゃならないのよ。あんたはビールでお腹ふくれないんだから」と，とげとげしい響きのなかに，「それでも子どものために毎日ご飯の支度をしている」親の姿を見た気がした。「先生の言いたいことは，わかってるのよ」と疲れた顔で子どもを抱きあげる。私の目の前で，自分よりも若い金髪の保護者は，親であろうと奮闘していた。

目の前にいる親子に対して，保育士に何ができるのか。言葉で子どもの気持ちを代弁することは，たやすい。教えること，リードして方向を示すことも，簡単にできる。しかし，それでは何も変わらなかった。保育士のひと言ひと言に，保護者が緊張し，表面的に同調してくれることを肌で感じた。親としての欠点を探すのではなく，この人の「親である力」を探そうと思った。そのための方法を探した。

子どもの最善の利益のために尽くす，保育士としての倫理観を捨てたつもりはない。何度も挫折し，「もう保育士を辞めよう」とさえ思った。私はなぜ，何のために，と悩むたびに立ち戻った最もシンプルな原点は「子どもの育ちを支え，保護者の子育てを支えること」。それは，専門職である保育士の価値と倫理だった。その価値の実現をめざすために必要なものは，情熱や愛情に根ざした感情的行為ではない。保護者とともに歩み，着実に援助を進める方法である。それは，保護者自身の「親である力」を発揮できるようサポートする技術である。

（西村真実）

演習問題

A．保育士のふまえる倫理が，保育指導を行う際の基本姿勢にどう反映されるのか整理しよう。

B．日常における保育指導場面で，保護者に対して，何気なく押しつけにならないように技術を活用するために必要な配慮を3つ挙げてみよう。

C．保育士の専門性をさらに向上させるために必要となることがらを5つ挙げ，それぞれについて説明してみよう。

■■■引用・参考文献

■1章

網野武博　1992　福祉心理臨床とはなにか　網野武博ほか(編)　福祉心理臨床　星和書店

アプテカー，H. H.　坪上宏(訳)　1964　ケースワークとカウンセリング　誠信書房　(Aptekar, H. H. 1995 *The Dydamics of Casework and Counseling*)

橋本真紀　2006　個別援助技術論　倉石哲也　社会福祉援助技術論　ミネルヴァ書房　72.

橋本真紀　2008　保育指導の展開過程と基本的技術　柏女霊峰・橋本真紀　保育者の保護者支援―保育指導の原理と技術　フレーベル館　203.

橋本真紀　2008　保育技術を基盤とした保育指導　柏女霊峰・橋本真紀　保育者の保護者支援―保育指導の原理と技術―　フレーベル館　155-156.

児童自立支援研究会(編)　2005　子ども・家族の自立を支援するために―子ども自立支援ハンドブック―　日本児童福祉協会

笠原幸子　2008　ケアワーク　山縣文治・柏女霊峰(編集代表)　社会福祉用語辞典第［6版］　ミネルヴァ書房　71.

柏女霊峰　2007　序章　保育における児童福祉　改訂・保育士養成講座編纂委員会(編) 児童福祉　全国社会福祉協議会

柏女霊峰　2008　子ども家庭福祉サービス供給体制―切れ目のない支援をめざして―　中央法規出版

柏女霊峰　2008　現代児童福祉論［第8版］　誠信書房

柏女霊峰　2009　子ども家庭福祉論　誠信書房

柏女霊峰・橋本真紀　2008　保育者の保護者支援―保育指導の原理と技術―　フレーベル館

厚生労働省　2008　保育所保育指針解説書　フレーベル館　19-20,127,179,185.　ほか

久保美紀　2005　社会福祉用語辞典［第4版］　ミネルヴァ書房　228.

森上史朗・柏女霊峰(編)　2008　保育用語辞典［第4版］　ミネルヴァ書房

中田智恵美　2002　障害者の権利保障とアドボカシー　山縣文治ほか(編)　よくわかる社会福祉［第2版］　ミネルヴァ書房　177.

岡本民夫・小田兼三(編)　1990　社会福祉援助技術論　ミネルヴァ書房

大和田猛　2004　ソーシャルワークとケアワーク　中央法規出版

山縣文治・柏女霊峰編集(代表)　2008　社会福祉用語辞典［第6版］　ミネルヴァ書房

幼稚園と保育所の関係について（昭和38年 文初発第400号 児発第1046号）

■2章

バイステック，F. P.　田代不二男・村越芳男(訳)　1965　ケースワークの原則―よりよき援助を与えるために　誠信書房　(Biestek, F. P. 1957 *The Casework Relationship*. Allen and Unwin.)

ブトゥリム，Z. T.　川田誉音(訳)　1986　ソーシャルワークとは何か　川島書店

北島英治・副田あけみ他(編)　2002　ソーシャルワーク実践の基礎理論　有斐閣

黒木保博・山辺朗子・倉石哲也(編著)　2002　福祉キーワードシリーズ：ソーシャルワーク　中央法規出版

松本寿昭(編著)　2004　保育・教育ネオシリーズ8　社会福祉援助技術　同文書院

岡村重夫　1983　社会福祉原論　全国社会福祉協議会

高橋重宏・山縣文治・才村純(編)　2002　子ども家庭福祉とソーシャルワーク　有斐閣

山縣文治・柏女霊峰(編)　2001　社会福祉用語辞典　ミネルヴァ書房　152.

■3章

秋山智久　2000　社会福祉実践論―方法原理・専門職・価値観―　ミネルヴァ書房
バートレットH. M.　小松源助（訳）　1978　社会福祉実践の共通基盤　ミネルヴァ書房　（Bartlett, Harriett M. 1970 *The Common Base of Social Work Practice*, National Association of Social Workers.）
福祉士養成講座編集委員会（編）　2006　社会福祉援助技術論Ⅰ（第3版）　中央法規出版
福祉士養成講座編集委員会（編）　2007　社会福祉援助技術論Ⅱ（第4版）　中央法規出版
狭間香代子　2001　社会福祉の援助観　筒井書房
北島英治　2008　ソーシャルワーク論　ミネルヴァ書房
北島英治・白澤政和・米本秀仁（編著）　2007　社会福祉援助技術論（上）　ミネルヴァ書房
小松源助　2002　ソーシャルワーク実践理論の基礎的研究―21世紀への継承を願って―　川島書店
久保紘章・福田あけみ（編著）　2005　ソーシャルワークの実践モデル　川島書店
空閑浩人　2008　ソーシャルワークの体系　山縣文治・岡田忠克（編）　よくわかる社会福祉（第6版）ミネルヴァ書房
黒木保博ほか　2001　グループワークの専門技術―対人援助のための77の技法―　中央法規出版
黒木保博・福山和女・牧里毎治（編著）　2007　社会福祉援助技術論（下）　ミネルヴァ書房
三島亜紀子　2007　社会福祉学の<科学>性―ソーシャルワーカーは専門職か？―　勁草書房
岡本民夫　1973　ケースワーク研究　ミネルヴァ書房
レスリー・マーゴリン　中河伸俊・上野加代子・足立佳美（訳）　2003　ソーシャルワークの社会的構築―優しさの名のもとに―　明石書店
ロバート・アダムス　杉本敏夫・齊藤千鶴（監訳）　2007　ソーシャルワークとエンパワメント―社会福祉実践の新しい方向―　ふくろう出版
ルイーズC.ジョンソン・ステファンJ.ヤンカ　山辺朗子・岩間伸之（訳）　2004　ジェネラリスト・ソーシャルワーク　ミネルヴァ書房
佐藤豊道　2001　ジェネラリスト・ソーシャルワーク研究―人間：環境：時間：空間の交互作用―　川島書店
社団法人日本社会福祉士会（編）　2004　新社会福祉援助の共通基盤（上）（下）　中央法規出版
ゾフィア，T.ブトゥリム　川田誉音（訳）　1986　ソーシャルワークとは何か―その本質と機能―　川島書店

■4章

バイステック，F. P.　尾崎新・福田俊子・原田和幸（訳）　1996　ケースワークの原則［新訳版］―援助関係を形成する技法　誠信書房　57.（Biestek, F. P. 1957 *The Casework Relationship*. Loyola University Press）
北島英治　2008　ソーシャルワーク論　ミネルヴァ書房
小松源助　1993　ソーシャルワーク理論の歴史と展開　川島書店
小松源助　2002　ソーシャルワーク実践理論の基礎的研究　川島書店
小関康之・西尾祐吾　1997　臨床ソーシャルワーク論　中央法規出版
久保鉱章・高橋重宏・佐藤豊道（編著）　1998　ケースワーク　社会福祉援助技術各論Ⅰ　川島書店
久保紘章・副田あけみ（編著）　2005　ソーシャルワークの実践モデル　川島書店
パールマン，H. H.　久保紘章（訳）　1985　ソーシャルワークにおける問題解決モデル　ロバーツ，R. W.・ニー，R. H.（編）　ソーシャル・ケースワークの理論　7つのアプローチとその比較　川島書店　131-184.（Roberts, R. W. and Nee, R. H. eds. 1970 *Theories of Social Casework*. The

University of Cicago)
リッチモンド, M. E. 小松源助(訳) 1991 ソーシャル・ケース・ワークとは何か 中央法規出版 (Richmond, M. E. 1922 *What is Social Case Work An Introductory Description*. Russell Sage Foundation.)
ターナー, F. J. 米本秀仁(監訳) 1999 ソーシャルワーク・トリートメント(上) 相互連結理論アプローチ 中央法規出版 (Turner, F. J. 1996 Social Work Treatment: interlocking theoretical approaches. Simon & Schuster Inc.)
全米ソーシャルワーカー協会 竹内一夫・清水隆則・小田兼三(訳) 1993 ソーシャル・ケースワーク:ジェネリックとスペシフィック―ミルフォード会議― 相川書房 (National Association of Social Workers 1974 *Social Case Work*. National Association of Social Workers Inc.)

■5章

古川繁子 2003 新版 事例で学ぶ社会福祉援助技術 学文社
春見静子・澁谷昌史 2003 社会福祉援助技術 光生館
桐野由美子(編著) 2006 保育者のための社会福祉援助技術 樹村房
コノプカ, G. 前田ケイ(訳) 1967 ソーシャル・グループ・ワーク 全国社会福祉協議会, 27.
黒木保博・横山譲・水野良也・岩間伸之 2001 グループワークの専門技術―対人援助のための77の方法― 中央法規出版
前田ケイ 1999 社会福祉士養成講座編集委員会(編) 社会福祉援助技術各論Ⅰ(3訂版) 中央法規出版 138.
松本寿昭(編) 2004 保育・教育ネオシリーズ(8) 社会福祉援助技術 同文書院
仲村優一他(編) 1988 現代社会福祉辞典(改訂新版) 全国社会福祉協議会 414.

■6章

改訂・保育士養成講座編纂委員会 2006 社会福祉 全国社会福祉協議会
小山修 1993 PHCと日本の住民組織 松田正己・島内憲夫(編) みんなのためのPHC入門 垣内出版 177-189.
小山修 1996 地域母子保健事業 母子保健情報34 恩賜財団母子愛育会 49-54.
牧賢一 1966 コミュニティ・オーガニゼーション概論 全国社会福祉協議会 43,120.
松田正己・島内憲夫(編) 1993 みんなのためのPHC入門 垣内出版
三隅二不二 1986 リーダーシップの科学 講談社
宮坂忠夫 1977 保健福祉の領域におけるコミュニティ・オーガニゼーションに関する研究 コミュニティ48 地域社会研究所 1-43.
マレー・G・ロス 岡村重夫(訳) 1963 コミュニティ・オーガニゼーション 全国社会福祉協議会
マレー・G・ロス 岡村重夫(訳) 1968 (改訂増補)コミュニティ・オーガニゼーション―理論・原則と実際 全国社会福祉協議会
ロバート・パールマン, アーノルド・グリン 岡村重夫(監訳) 1980 コミュニティー・オーガニゼーションと社会計画 全国社会福祉協議会 14.
齋藤夕子他 2002 グループの成長への支援をどう記録するか 保健婦雑誌58(9) 医学書院
斉藤進他 2006 地域組織活動の評価法に関する研究(3) 日本子ども家庭総合研究所紀要第42集 日本子ども家庭総合研究所 127-145.
斉藤進・森川洋 2007 地域組織活動の活性化に関する一考察 日本子ども家庭総合研究所紀要第43集 日本子ども家庭総合研究所 275-280.

島内憲夫(訳)　1990　ヘルスプロモーション―WHO：オタワ憲章―　垣内出版　29-30.
島内憲夫　1996　ヘルスプロモーション入門　垣内出版　17.
新版・社会福祉学習双書編集委員会　2003　社会福祉援助技術論　全国社会福祉協議会
高橋重宏・宮崎俊策・定藤丈弘(編著)　1981　ソーシャル・ワークを考える　川島書店
高月波子　1995　コミュニティワーク　吉澤英子(監修)　社会福祉援助技術総論　全国児童館連合会　135-179.
谷川貞夫　1958　コミュニティ・オーガニゼーション概説　全国社会福祉協議会
吉澤英子・内田節子(編)　2001　社会福祉　ミネルヴァ書房
全国社会福祉協議会　1989　明るい町づくり運動　会報33号

■7章

網野武博　2002　児童福祉学　子ども主体への学際的アプローチ　中央法規出版
福祉士養成講座編集委員会(編)　2006　新版社会福祉士養成講座1　社会福祉原論第2版　中央法規出版
新保幸男　2001　児童福祉を担う人々　福祉士養成講座編集委員会　新版社会福祉士養成講座4児童福祉論　中央法規出版　231-244.
柏女霊峰　2004　現代児童福祉論第6版　誠信書房
柏女霊峰(監修)　全国保育士会(編)　2004　全国保育士会倫理綱領ガイドブック　全国社会福祉協議会　11-12.
柏女霊峰　2008　子ども家庭福祉サービス供給体制―切れめのない支援をめざして―　中央法規出版　211.
柏女霊峰・山縣文治(編著)　2002　増補新しい子ども家庭福祉　ミネルヴァ書房　17.
柏女霊峰・橋本真紀　2008　保育者の保護者支援―保育指導の原理と技術―　フレーベル館　160-167,203-209.
厚生労働省　2008　保育所保育指針解説書　フレーベル館
空閑浩人　2007　チームワーク　山縣文治・柏女霊峰(編)　社会福祉用語辞典第6版　ミネルヴァ書房　260.
ミルトン・メイヤロフ　田村真・向野宣之(訳)　2007　ケアの本質生きることの意味　ゆみる出版　14.
ムーア，W．E．　井関利明(訳)　1971　産業化の社会革命　慶應通信

■■■参考図書案内

岩間伸之『逐語で学ぶ21の技法―対人援助のための相談面接技術』中央法規出版　2008

■相談面接で用いられる技法を21に整理したものである。保育者として保育現場において，保護者からの子育てに関する相談に応じる機会は少なくない。本書は，感情への応答や面接の展開方法といった基本的相談面接技術の理解を助けるとともに，実践への手引書として非常に有用である。

大豆生田啓友・太田光洋・森上史朗(編)『よくわかる子育て支援・家族援助論』ミネルヴァ書房　2008

■子育て家庭の置かれた現状，子育て支援の制度の現状と課題，子育て支援の実際等について学びながら「子育て支援とは何か」，その本質を探ることをねらいとしてまとめられている。また，具体的な事例やデータを豊富に取り入れ，見やすくわかりやすい一冊となっている。保育者としてどのような支援を展開したらよいのか理解を助ける一冊である。

柏女霊峰・橋本真紀『保育者の保護者支援―保育指導の原理と技術』フレーベル館　2008

■保育士資格の法定化や新「保育所保育指針」をふまえ，保育士の業務として規定された保育指導業務の原理と技術について試論を展開している。保育指導技術は保育士が行う保護者支援，家庭支援のための技術であり，本書においては，その種類や支援過程等について提示するとともに，社会福祉援助技術との異同についても試論を展開している。

金子恵美『保育所における家庭支援―新保育所保育指針の理論と実践』全国社会福祉協議会　2008

■新「保育所保育指針」をふまえて保育所における家庭支援の理念や視点を解説するとともに，社会福祉援助技術をもとにした相談援助の基礎的な技法，支援の際の留意事項，事例検討や記録の活用など実践上のポイントについて詳述しており，実践に役立つ好書である。

キム・サンボク(著)　イム・ジョンヒ(訳)『親ホメ日記―しあわせ家族になれる魔法』ポプラ社　2005

■韓国の中学校において実際に行われた「(親に内緒で) 子どもに毎日親を褒めさせる」という試みについて書かれたものである。人は褒められることによって信頼や友好関係を築きやすくなると実証している。保育者の立場からも，保護者の相談に応じるにあたり，援助技術の視点からも，保護者や子どもの長所を見つけ褒めることの大切さについて学べる一冊である。

松村和子・澤江幸則・神谷哲司(編著)『保育の場で出会う家族援助論―家族の発達に目を向けて』建帛社　2005

■将来，保育所保育士や幼稚園教諭をめざす人に対して，保育の場で出会うと思われるさまざまな子どもとその家族を理解し支援していくために必要な知識，情報等について解説したものである。保育者が直面することの多い具体的な事例を挙げながら，援助方法や配慮すべき点などについてわかりやすく紹介されている。

山縣文治・柏女霊峰(編)『家族援助論』ミネルヴァ書房　2002

■保育士養成課程の必修科目である家族援助論のテキストである。本書の特徴は，総ページの4割が事例とその解説となっていることで，一つひとつの事例に当たりながら，社会福祉援助や保育士としての家族援助の実際について学ぶことができる。

山縣文治・柏女霊峰(編集代表)『社会福祉用語辞典[第7版]』ミネルヴァ書房　2009

■社会福祉全般にわたる辞典。時代の流れに沿いつつ頻繁に改訂を進めており，正確でわかりやすい解説が人気の辞典である。同書房の保育用語辞典とともに手元に置いて，折りにふれて活用したい。

吉田眞理『生活事例からはじめる社会福祉援助技術』青踏社　2009

■保育現場で必要となる社会福祉援助技術について，具体的な事例を用いて理解を深めるのに役立つ一冊である。ジェノグラムやファミリーマップ，感想や気づいた点など，直接テキストに書きこみながら学習を進めるワークブックのような作りになっており，ノートの役割も果たす便利な一冊である。

『子ども・家族の相談援助をするために』日本児童福祉協会　2005

■厚生労働省が2005(平成17)年に通知した「市町村児童家庭相談援助指針」ならびに「児童相談所運営指針」に，「児童相談所における法的対応マニュアル」(抜粋)を合本したもの。児童相談の進め方を学ぶのに適している。その後，児童福祉法等の改正にともない，数回にわたり一部改正されているので，さらに，厚生労働省ホームページ等で確認が必要とされる。

さくいん

▶あ行

▶か行

▶さ行

▶た行

▶な行

▶は行

▶ま行

▶や行

▶ら行

▶わ行

[執筆者]（執筆順）

柏女霊峰（かしわめ・れいほう）	編著者	1章[1]・[2]
橋本真紀（はしもと・まき）	関西学院大学教育学部専任講師	1章[3]・[4]
伊藤嘉余子（いとう・かよこ）	編著者	2章
空閑浩人（くが・ひろと）	同志社大学社会学部教授	3章
澁谷昌史（しぶや・まさし）	関東学院大学文学部准教授	4章
鑑　さやか（かがみ・さやか）	東北文化学園大学医療福祉学部専任講師	5章
斉藤　進（さいとう・すすむ）	日本子ども家庭総合研究所母子保健研究部主任研究員	6章
西村真実（にしむら・まみ）	大阪成蹊短期大学児童教育学科講師	7章

[編著者紹介]

柏女霊峰（かしわめ・れいほう）

1952年：福岡県生まれ。東京大学教育学部教育心理学科卒業後，千葉県児童相談所，厚生省（現厚生労働省）児童家庭局勤務。

現在：淑徳大学総合福祉学部教授・同大学院教授，日本子ども家庭総合研究所子ども家庭政策研究担当部長。社会保障審議会児童部会委員，中央教育審議会専門委員など。石川県少子化対策担当顧問。

主な著書：『子ども家庭福祉・保育のあたらしい世界』（生活書院，2006），『子ども家庭福祉サービス供給体制』（中央法規出版，2008），『子ども家庭福祉論』（フレーベル館，2009），『児童福祉―子ども家庭福祉と保育者』（共編著，樹村房，2009）など。

伊藤嘉余子（いとう・かよこ）

1975年：富山県に生まれ，愛知県で育つ。同志社大学大学院博士前期課程修了，日本社会事業大学大学院博士後期課程修了。博士（社会福祉学）。

現在：埼玉大学教育学部専任講師。埼玉県子どもの権利擁護委員会調査専門員。

主な著書：『児童養護施設におけるレジデンシャルワーク』（単著，明石書店，2007），『改訂・保育士養成講座　児童福祉』（共著，全国社会福祉協議会，2005），『保育の場で出会う家族援助論』（共著，建帛社，2005），『児童福祉―子ども家庭福祉と保育者』（共編著，樹村房，2009）など。

保育･教育 実践テキストシリーズ

社会福祉援助技術　保育者としての家族支援

2009年4月22日　初版第1刷発行

〈検印省略〉

編著者 ©　柏 女 霊 峰
　　　　　伊 藤 嘉 余 子

発行者　大 塚 栄 一

発行所　株式会社 樹村房
JUSONBO

〒112-0002　東京都文京区小石川5丁目6番20号
電　話　(03) 3946-2476
F A X　(03) 3946-2480
振　替　00190-3-93169
http://www.jusonbo.co.jp

印刷・亜細亜印刷／製本・常川製本

ISBN978-4-88367-159-5　乱丁・落丁本はお取り替えいたします。